워크북 ❷

로 드 앤 로 드　미 니 스 트 리

새로운 제자훈련 시리즈

서유진, 최병화, 전효성 지음

Lord&Road Ministry
성경과 문화트렌드 연구소

Lord&Road Ministry

성경과 문화트렌드 연구소

로드앤로드 미니스트리는
온라인과 오프라인에서 성경과 문화트렌드를 접목한
다양한 강의와 칼럼, 책, 교재를 개발하는 연구소입니다.

하나님의 말씀인 성경을
이 시대와 세대에 맞는 목소리로 전달하며
보다 많은 이들이 성경을 읽게 되기를 고대하며 시작하였습니다.
성경이 시대를 초월하여
모든 이에게 가장 생생하고 의미 있는 말씀으로
다가가길 기도하며 나아가는
로드앤로드 미니스트리의
순례의 여정을 함께 응원해주세요!

대표 서유진 목사
현 로드앤로드 미니스트리 대표
전 대한예수교장로회통합 총회교육자원부 교재기획 및 개발
서울대학교대학원 패션디자인전공 석사 (M.S.)
장로회신학대학원 신학과 목회학 석사 (M.Div.)
장로회신학대학원 기독교교육 석사 (M.A.)
장로회신학대학원 신약학 박사과정(Ph.D.) 코스워크 수료

연구원 최병화 목사
현 주와길교회 담임
전 영락교회, 고척교회, 거룩한빛 광성교회
장로회신학대학원 신학과 목회학 석사 (M.Div.)
장로회신학대학원 기독교와 문화 석사 (Th.M.)
장로회신학대학원 기독교와 문화 박사과정(Ph.D.)
코스워크 수료

연구원 전효성 목사
현 주안장로교회
현 소리 미니스트리 크리에이티브 디렉터
전 영락교회
장로회신학대학원 신학과 목회학 석사 (M.Div.)
장로회신학대학원 음악대학원 석사 (M.M.)
단국대학교 문화예술대학원 석사 (M.F.A.)

© 서유진, Since 2013
본 저작물의 저작권은 서유진에게 있습니다.
저작권법에 의해 보호받는 저작물이므로 무단 전재와 복제를 금합니다.

로드앤로드 미니스트리의 새로운 제자훈련 시리즈를 소개합니다!

로드앤로드 미니스트리의 새로운 제자훈련 시리즈는 7가지 주제의 소모임 교재를 합본 개정하여 출간한 것입니다. 이제는 [다행이다], [시작하다], [성경이다], [따라가다], [바라보다], [살아가다], [사랑하다]까지 7가지의 제자훈련 주제를 통합본으로 만나보실 수 있습니다.

로드앤로드 미니스트리의 새로운 제자훈련 시리즈는 장년, 청년, 청소년을 대상으로 하여 사용할 수 있는 교재이며 교재의 질문과 해설글을 읽고 나누기만 해도 모임을 진행할 수 있는 쉬운 교재입니다. 특별히 성경에 기초한 질문과 깊은 적용 질문을 담아내어 성경과 나눔의 균형을 맞춘 교재입니다. 2013년부터 2023년까지 약 300명 이상의 청장년과 만나온 검증된 교재이며 깊은 말씀과 뜨거운 나눔이 가득한 감동교재입니다. 교재는 7가지 모든 주제가 묶여 있는 가이드북 1종(인도자용)과 2권으로 나누어져 있는 워크북 2종(학습자용)으로 구성되어 있습니다.

가이드북에는 워크북의 내용에 더하여 추가해설, 주석과 모임인도법 등 인도자를 위한 내용이 추가되어 있고, 워크북에는 가이드북과 동일한 기본질문과 모임 시 읽을 수 있는 해설글이 담겨 있습니다.

소그룹 교재 상세 활용법은 로드앤로드 미니스트리 유튜브
(서유진 목사 유튜브) 채널에서 확인하실 수 있습니다.

목 차

로드앤로드 미니스트리	06
새로운 제자훈련의 '코드' 해설	
추천사	08

E코드 Enter the Bible 편

기초양육을 위한 성경이다

- [첫 번째 음] 신앙의 시작 … 15
- [두 번째 음] 죄인과 하나님 … 27
- [세 번째 음] 구원자 예수 그리스도 … 39
- [네 번째 음] 완성의 그때 … 57
- 부 록 … 69

F코드 Follow the Lord 편

참된 제자의 길을 위한 따라가다

- [첫 번째 음] 예수님을 따라가다 … 77
- [두 번째 음] 참진리를 따라가다 … 89
- [세 번째 음] 새기준을 따라가다 … 99
- [네 번째 음] 제자되어 따라가다 … 109
- [다섯 번째 음] 성령님을 따라가다 … 119
- 부 록 … 128

꿈꾸는
성도를 위한
바 라 보 다

G코드 God's vision 편

[첫 번째 음] 다니엘과 바라보다	135
[두 번째 음] 여호수아와 바라보다	147
[세 번째 음] 다윗과 바라보다	161
[네 번째 음] 요셉과 바라보다	171
부 록	180

로드앤로드 미니스트리
새로운 제자훈련의 '코드' 해설

우리가 즐겨 듣는 음악에서 중요한 요소를 선택하라면 '조화'를 이야기할 수 있습니다. 음악은 수만 가지 경우의 수가 어우러져 아름다움을 추구합니다. 그 수많은 경우의 수에서 각 음들은 각자의 정체성을 지니고, 맡겨진 기능에 따라 조화롭게 역할을 수행할 때 비로소 질서 있고 아름다운 소리로 듣는 이들의 귀를 즐겁게 합니다. 음악이 조화를 이루며 아름다운 소리를 내듯이 우리 삶의 자리에서 각자의 개성에 따라 주어진 역할을 잘 감당하고 균형 있는 모습으로 삶을 살아가는 어울림이 바로 음악에서 이야기하는 '조화'라고 설명할 수 있습니다. 즉, 우리 삶의 자리를 음악으로 표현하면, 나에게 주어진 소명의 정체성을 지니고 공동체의 구성원들과 더불어 조화롭게 합력하여 선을 이룰 때 비로소 아름다운 소리를 만들어 내는 것입니다.

우리가 듣고 있는 음악들은 일정한 틀 안에서 수많은 조화로 아름다운 소리를 만들어 냅니다. 우리는 학교에서 음악 시간에 음과 음의 관계를 배웁니다. "계이름 미, 파와 시, 도 사이는 반음이고 나머지는 온음이야." 지금 생각해보면 이 이야기는 음악의 뼈대를 만드는 중요한 원리가 됩니다. 쉽게 말하면 우리가 잘 아는 '도(C), 레(D), 미(E), 파(F), 솔(G), 라(A), 시(B), 도(C)'의 계이름은 시작 음 '도(C)'로부터 시작하여 눈에 보이지 않는 규칙들이 나열된 음의 배열이고, 우리는 이것을 '장음계(Major Scale)'라고 부릅니다. 세상에는 수많은 음계들이 존재하지만 <새로운 제자훈련 시리즈>에서는 우리에게 가장 익숙한 장음계(다른 이름으로 'Major Scale')를 이용해 그리스도인의 정체성은 무엇인지, 우리 삶의 자리에서 감당해야 할 역할이 무엇인지, 우리가 처한 상황 가운데에서 어떤 울림을 내야 하는지 고민해 보고자 합니다.

장음계(Major Scale)를 이용하여 음악을 만든다는 것은 '장음계 규칙을 이용하여 그것을 구조화하고 그 구조 안에서 조화를 이루어 아름다운 울림을 만든다'라고 풀어서 이야기할 수 있습니다. 아름다운 소리를 만들기 위해서는 하나의 재료가 더 필요합니다. 그것은 바로 3화음입니다. 장음계의 규칙 안에서 3화음을 만드는 방법은 의외로 간단합니다, '도(C), 레(D), 미(E), 파(F), 솔(G), 라(A), 시(B), 도(C)' 8개 음계 중에서 하나의 음을 정합니다. 그 정한 음으로부터 시작해서 3번째에 배치된 음과 5번째 배치된 음을 선택합니다. 만약 내가 '도(C)'음을 정했다면, '도(C)'부터 시작하여 음계의 3번째 음인 '미(E)'와 5번째 음인 '솔(G)'이 될 것입니다. 이렇게 구성된 '도(C), 미

(E), 솔(G)'을 3화음이라고 말합니다.

이것이 장음계에서 구성할 수 있는 가장 간단한 구성이지만, <새로운 제자훈련 시리즈>에서는 3화음이 아닌 자기 자신으로부터 7번째 음이 추가된 4화음(예: '도[C], 미[E], 솔[G], 시[B]')의 구성으로 아름다운 소리를 만들어 나갈 것입니다.

아름다운 소리로 우리에게 메시지를 전달하는 음악에는 신비하고 재미있는 비밀이 숨겨져 있습니다. 여기 '도(C)'라는 음이 있다고 해 봅시다. 그 음의 소리는 변하지 않습니다. 어떤 위치에 있더라도 '도(C)'는 일정한 울림으로 우리 귀를 자극합니다. 하지만, 이 '도(C)'가 어떤 위치에 놓이는지에 따라 그 기능은 다르게 나타납니다. 만약, '도(C)'로 시작하는 4화음을 만들었다면, 그 4화음에서는 가장 기본이 되는 중심음으로서 그 기능을 하지만, 만약에 '라(A)'에서 시작되는 4화음에서는 3번째 음으로서 우리가 소위 말하는 밝은 소리를 낼 것인지 어두운 소리를 낼 것인지 결정하는 중요한 역할로서 기능하고, '파(F)'에서 시작되는 4화음에서는 5번째 음으로서, 4화음에서 음악적으로 다양한 변화 가능한 상태를 만드는 기능을 하며, '레(D)'에서 시작하는 4화음에서 7번째 음으로서는 다음 코드로 연결시키거나, 울림을 풍성하게 만들어 주는 기능을 합니다. 음악이 말하는 비밀은 '도(C)'가 지니고 있는 변하지 않는 울림(정체성)은 가지고 있지만, 포지션에 따라 그 기능과 역할을 달리하며 조화 이루는 것을 이야기합니다.

우리의 삶도 음악의 비밀과 같습니다. '나'라는 변하지 않는 하나님의 형상대로 만들어진 정체성을 우리 모두는 지니고 있습니다. 하지만 그 정체성을 가지고 공동체 안에 들어가면 그 역할과 기능이 다르게 나타납니다. '나'라는 정체성은 변하지 않지만 제가 속해 있는 다양한 삶의 자리에서 해야 할 기능과 역할이 다르게 나타나는 것입니다. 그리고 그 다양한 삶의 자리에서 해야 할 기능과 역할에 최선을 다하고 공동체와 더불어 합력할 때, 우리는 이것을 '조화롭다' 또는 '균형 있다'라고 말합니다.

지금까지 이야기를 정리하면 우리는 음악의 일정한 테두리 안에서(일정한 규칙), 자신의 정체성(변하지 않는 소리)을 가지고, 각자 삶의 자리에서 각 기능과 역할을 감당하는 것을 '조화'라고 설명했고, 바로 이 '조화'의 결과가 아름다운 소리로 우리에게 다가옵니다. <새로운 제자훈련 시리즈>에서는 음악에서 이야기하는 '조화'의 원리로 신앙의 여정을 풀어 나가려 합니다. 성경의 테두리 안에서, 자신의 정체성을 확립하고, 자기 삶의 자리에서 주어진 기능과 역할을 수행하여 신앙 공동체 안에서와, 세상에서 아름다운 울림을 만드는 '조화'의 여정 속으로 여러분을 초대합니다.

추천사

그리스도인이란 예수 그리스도를 뒤따르는 사람입니다. 그리스도인은 예수를 주로 고백하고 그가 걸으신 길을 걷고, 그의 말씀을 지키려 하고 그를 닮고자 합니다. 우리는 이런 사람을 제자라고 말합니다. 물론 예수께서 우리와 함께 하시고 힘주셔서 이러한 제자의 길을 갈 수 있습니다. 그리스도인이라면 누구나 어떻게 제자의 길을 가야 하는지 배우고 익혀야 합니다.

로드앤로드 미니스트리의『새로운 제자훈련 시리즈』는 새로운 세대를 위한 제자훈련 교재입니다. 그동안 한국교회에 익히 알려진 제자훈련 교재가 있었습니다. 하지만 이제 시대가 많이 변했고, 새 술은 새 부대를 요청하고 있습니다. 새 시대에 맞게 제자의 길을 배우고 익힐 수 있는 교재가 나온 것에 하나님께 감사드립니다.

『새로운 제자훈련 시리즈』는 2013년부터 청년들의 교회 정착을 위한 교재로 출발했습니다. 이후 후속 교재가 계속 간행되어 7가지 주제를 다룬 하나의 시리즈가 만들어졌습니다. 더욱이 이 교재는 10년 동안 교회 현장에서 활용되어 깊은 말씀과 뜨거운 나눔으로 그 효과를 증명했습니다. 이제 개정판을 통해 7권이 하나로 묶여 모습을 드러내니, 제자훈련의 새로운 시대를 알리는 나팔소리처럼 들립니다.

『새로운 제자훈련 시리즈』는 성경의 테두리 안에서 자기 정체성을 확립하고, 삶의 현장에서 주어진 기능과 역할을 수행하여 신앙공동체와 세상에서 아름다운 울림을 만드는 '조화'의 삶을 핵심 원리로 제시합니다. 그리스도의 제자라는 정체성과 함께 공동체 안에서 조화로운 삶을 시리즈 전체의 기초로 삼은 것은 새 시대 제자훈련의 방향을 잘 보여줍니다. 이 조화의 여정은 7가지 신앙의 코드로 표현됩니다: C코드(well-Come, 다행이다), D코드(Direction, 시작하다), E코드(Enter the Bible, 성경이다), F코드(Follow the Lord, 따라가다), G코드(God's Vision, 바라보다), A코드(Attitude, 살아가다), B코드(Be Love, 사랑하다). 각각의 코드는 4개 음으로 화음을 이루고, 7가지 신앙 코드를 하나하나 밟아가면, 신앙공동체의 새가족이 되고, 성경의 기초를 알고, 교회 직분을 재발견하고, 비전과 진로를 깨닫고, 일상과 일터에서 역할과 기능을 수행하고, 관계 속에서 조화를 이루는 법을 습득하게 됩니다.

질문과 해설글을 읽고 나누기만 해도 모임을 진행할 수 있고, 청소년, 청년, 장년을 모두 아우를 수 있고, 성경에 대한 깊은 이해와 뜨거운 나눔의 균형을 맞춘 것은 이 교재의 또 다른 장점입니다. 더욱이 주제에 맞는 갖가지 활동과 직접 작곡하고 작사한 찬양을 수록한 것은 새 시대에 맞는 제자훈련 교재의 품격과 기준을 제시한다고 느껴집니다.

시대가 급격하게 변하고 있습니다. 앞으로 이 사회가 구체적으로 어떤 방향으로 변할지 예측하기는 어렵습니다. 하지만 분명한 것은 산업혁명 이전과 이후가 다르듯이, 앞으로 몇십 년 내에 인류는 지금과는 전혀 다른 사회 속에서 살아가리라는 것입니다. 앞으로 근본적으로 달라진 세계에서 어떻게 주님의 복음을 전하고 주님의 제자를 양육해야 할지 고민이 깊어지는 때에『새로운 제자훈련 시리즈』를 만난 것은 큰 기쁨입니다. 이 교재는 새로운 시대를 열어가는 개척자의 사명을 지닌 듯합니다.

이 교재를 출발점으로 한국교회에 새로운 제자훈련의 열풍이 불면 좋겠습니다. 이 교재를 통해 예수를 주로 고백하고 예수를 뒤따르는 삶이 신앙공동체와 사회 안에서 아름답고 선한 울림을 만들어내는 조화의 여정이라는 것을 새롭게 확인하게 될 것입니다. 그리고 이 조화의 여정에서 삼위일체 하나님의 사랑과 평화가 충만하게 경험되고, 하나님 나라의 비전과 소망이 무르익고, 새로운 사회와 교회가 모습을 드러내기를 소망합니다. 주님이 이루어주실 것입니다.

장로회신학대학교 역사신학 서원모 교수

✨ 추 천 사

　대부분 목회자들은 자신의 삶과 가르침을 통하여 성도들에게 생기가 넘치는 꿈을 꾸며 목회를 합니다. 로드앤로드 미니스트리 사역은 성도들이 살아가는 다양한 자리에서 그리스도를 알아가고, 그리스도를 깨닫는 삶의 자리가 부르심의 자리임을 알 때 누리는 단단함과 풍성함을 소망하며 제자훈련 교재를 만들었습니다. 오랫동안 자신들을 쳐서 복종하며 스스로 제자훈련의 연주자가 된 로드앤드 미니스트리의 대표 서유진 목사님과 최병화 목사님 부부가 몸으로 쓴 제자훈련 책은 사람을 변화시키려는 것이 아니라 하나님이 주신 고유한 사람을 발견하는데 초점을 두었습니다. 이 과정은 우리를 변화시키는 것이 아니라 발견하는 기쁨으로 초대하고 있습니다. 나에게서 우리로, 우리에게서 아버지의 관계 안으로 나아가며 각자 내는 화음 소리에 맞추어 춤추게 될 것입니다. 특별히 모든 훈련과정마다 자신들이 직접 작사 작곡한 찬양으로 끝을 맺으며 하나님께 영광을 드리고 있는데, 이 또한 이 교재의 장점이라 생각됩니다. 아무쪼록 본 교재를 통해 자신의 고유함을 발견한 수많은 이들로 인하여 세상에서 그리스도의 풍성함을 맛보게 되길 소망합니다.

다드림 교회 김병년 목사

그리스도인의 삶에 있어서 공동체는 참 중요합니다. 서로를 돌보며 마음을 쏟고 함께 기도하는 공동체에 속해 있는 것과 우리가 신앙생활을 성숙하게 해내는 것은 서로 맞닿아 있는 개념과도 같기 때문입니다. 우리는 공동의 연약함 안에서 서로를 도울 수 있는 은사를 발견하고, 우리가 서로의 안으로 깊이 있게 들어갈 때 우리 안에서 참으로 내주하시는 예수 그리스도가 드러나는 순간을 경험할 수 있습니다. 저는 하나님께서 우리에게 명령하신 "네 이웃을 네 몸과 같이 사랑하라"는 말씀은 공동체 안에서 하나님의 임재를 경험한 분들만 실천할 수 있는 것이라는 생각을 종종하곤 합니다.

현대의 그리스도인 공동체를 위해서 소그룹 모임의 중요성은 아무리 강조해도 지나치지 않습니다. 팬데믹의 위기 이후에도 잘 유지된 교회의 공통점은 소그룹 모임이 활성화된 곳이라는 통계가 있을 정도입니다. 이런 점에서 새로운 제자훈련 시리즈 교재는 소그룹 모임을 진행하는 데 있어 상당히 훌륭한 교재입니다. 친근하며 쉬운 언어로 누구나 소그룹 안으로 쉽게 들어 올 수 있도록 접근하며, 질문과 대답을 통해 점진적으로 하나님 나라에 대한 소망과 은혜를 고백하게 합니다. 특별히 본 교재의 탁월한 점은 "우리가 서로를 위해 존재하고 우리 안에는 우리의 소망이신 예수 그리스도가 있다"는 사실을 일깨워 주는 것을 너무나도 훌륭하게 해낸다는 것입니다.

몇 개월 전에 교회학교 학부모들과 새로운 제자훈련 시리즈 중에서 <다행이다> 교재를 가지고 소그룹 모임을 진행했던 적이 있었습니다. 낯선 분들과의 어색한 모임으로 시작했지만 매 챕터의 말미에 은혜를 나누고 서로를 위해 기도하며 찬양했던 그 순간 시간이 영원을 향해 나아가는 것 같은 기분은 정말 세상의 언어로는 표현이 안 되는 벅찬 순간이었음을 고백해봅니다.

이 교재를 가지고 소그룹 모임을 하시는 많은 분들이 저와 같은 경험을 누리시는 은혜가 있길 축복합니다.

한국GM 신우회 회장 강성희 집사

✨ 들어가는 말

성경은
그리스도인에게
가장 중요한 책입니다.

그러나 오늘날 성경을 읽는 것은
희귀한 일이 되어가고 있습니다.

살아 있는 책으로서의 성경은
점차 잊혀지고
사장되어가는 성경을 보노라면
가슴이 아프고 두렵기마저 합니다.

[성경이다]는
다시 성경을 읽고자 하는 이들을
돕고 싶어 만든 책입니다.

성경을 읽고 이해하는 데 필요한
가장 기초적인 이야기들
그리고 성경 전부의 핵심이 되는 이야기들을
4개의 과에 농축하여 담아냈습니다.

특별히 구약성경의 첫 번째 책과 마지막 책,
신약성경의 첫 번째 책과 마지막 책을
이야기를 풀어가는 정류소로 삼았습니다.

준비기간만 3년이 걸린 고뇌와 눈물의 책입니다.
부족하지만 성경을 사랑하는 모든 분에게
꼭 도움이 되길 바랍니다.

성 경 이 다

로드앤로드 미니스트리 성경공부 ❶

E코드 Enter the Bible 편 _ 워크북

첫 번째 음

성경이다: 신앙의 시작

"태초에 하나님이
천지를 창조하시니라"

창세기 1:1

♪ 첫 번째 음 성경이다: 신앙의 시작

본과의 목적: 기독교 신앙의 시작인 창조주 하나님을 알기
(Key word - 시작, 창조주)

1-1 오프닝 토크 (15분)

[성경이다]의 첫 번째 시간입니다. 첫 모임을 시작하며 '성경'에 대하여 정의를 내려 보면 어떨까요? 여러분에게 성경은 어떤 책인가요?

"성경은 ○○○이다."

1-2 '성경이다: 신앙의 시작' 말씀 나눔

들어가며 (15분)

영국 옥스퍼드대학교 교수였던 리처드 도킨스(Clinton Richard Dawkins)는 『도킨스의 신』, 『이기적 유전자』, 『만들어진 신』, 『눈먼 시계공』 등의 책을 저술하면서 '신'의 존재를 부정하고 또 신을 비이성적인 것, '망상'이라고까지 이야기하였습니다. 그에 영향을 받은 무신론자들은 그 책들을 탐독하며 '창조' 역시 비논리적이고, 비이성적인 것이라고 말하기 시작했죠. 그러나 이러한 시각에 대해 반론을 제기한 사람이 있었습니다. 바로 옥스퍼드대학교 교수였던 알리스터 맥그라스(Alister McGrath)였습니다.

그는 『도킨스의 망상』이라는 책을 통해서 도킨스가 가지고 있는 생각은 과학이론을 설명하는 '가설'일 뿐이며, 모든 것의 시작은 신의 '창조'로밖에 설명되지 않는다고 반박했습니다. 아무것도 없는 곳에서 무언가, 우연히 시작되었다고 말하는 가설이야말로 이성과는 거리가 먼 '망상'일 뿐이라고 말이지요.

오늘날에도 창조에 관한 논쟁은 여전히 치열하게 이루어지고 있습니다. 여러분이 만약 이러한 논쟁에 참여하게 된다면 어떤 이야기를 하고 싶은가요? 여러분의 생각을 함께 나누어 보세요.

말씀 속으로 (45분)
성경에는 다양한 주제가 담겨 있고, 그 세계는 방대합니다. 그중에서 성경의 맨 앞에 등장하는 것은 하나님께서 천지를 '창조'하셨다는 말씀입니다(창 1:1). 성경은 이 세상이 어느 날 우연히 생겨난 것이 아니라고 말합니다. 하나님께서 계획을 가지고 온 세상과 만물을 창조하셨고, 특별히 하나님께서 당신의 형상을 닮은 사람을 창조하셨다고 말합니다. 이 시간 성경 안에 담겨 있는 하나님의 창조 이야기를 더 깊이 만나러 가볼까요?

* 창세기 1:1-31의 말씀을 함께 읽고 아래의 질문에 답해 보세요.

1) 창세기 1장 1절의 말씀을 찾아 아래에 적어 봅시다.

창세기 1장 1절에 기록된 것처럼 하나님께서 온 세상과 모든 만물을 창조하셨습니다. 하나님의 계획을 따라, 그리고 모든 것에 존재의 이유와 목적을 담아 이 세상을 만드셨습니다. 하나님께서는 창조하신 세상을 보시며 "보시기에 좋았더라"라고 말씀하셨습니다(창 1:4, 10, 12, 18, 21, 25, 31). 그러므로 세상은 결코 우연히, 어쩌다 보니 생겨난 것이 아닙니다. 우리는 우주의 웅장하고도 치밀한 질서를 보면서, 작게는 들에 핀 꽃 한 송이의 정교함을 보면서 이 모든 것을 창조하신 거룩한 분의 존재를 인정할 수밖에 없습니다(롬 1:20). 성경은 첫 장의 첫 구절에서 분명히 말합니다. 이 세상을 하나님께서 창조하셨다고 말입니다.

2) 창세기 1장 26절에 따르면, 하나님께서 가장 마지막에 창조한 것은 무엇인가요? 또 하나님께서는 마지막 피조물에게 어떤 권한을 주셨나요?

하나님께서는 닷새 동안 빛과 어둠, 하늘과 땅, 바다와 강, 천체와 동물, 식물을 창조하셨습니다. 그리고 마지막 여섯 째 날에 하나님의 형상대로 사람을 창조하셨습니다. 하나님께서는 사람을 특별하게 여기셨고, 그에게 하나님이 창조하신 세상을 다스릴 권한을 주셨습니다.

그런데 여기에서 하나님께서 '다스림'의 권한을 주셨다는 것은 사람이 다른 피조물 위에 군림하고 착취해도 좋다는 의미가 아니었습니다. 사람은 하나님의 대리자(청지기)이며, 하나님의 질서를 따라 세상을 돌볼 책임을 부여 받은 존재라는 것을 의미합니다. 또한 '다스림'의 권한을 주셨다는 것은 하나님께서 사람에게 자격뿐 아니라, 하나님을 대신하여 세상을 돌볼 수 있는 '능력' 또한 주셨음을 의미합니다. 마지막으로 '다스림'의 권한을 주셨다는 것은 인간이 갖게 된 모든 권한이 본래 하나님의 것이라는 의미이며, 나아가 온 세상의 진정한 주인이 하나님이라는 것을 다시 한 번 말해 줍니다.

결국 성경이 말하는 창조의 이야기는 하나님께서 창조주이심을 가르쳐 줍니다. 그리고 사람은 그분이 지으신 피조물이며 그분께 위임 받은 청지기임을 알 수 있습니다. 성경은 이 세상이 어떻게 창조되었는지 상세한 설명을 하는 대신에, 하나님과 우리의 위치가 본질적으로 다르다는 것에 방점을 두고 있습니다.

3) 그렇다면 성경이라는 책의 '맨 앞'에 창조의 말씀, 하나님과 우리의 위치에 대하여 기록한 이유는 무엇일까요?

성경의 첫 장, 첫 구절에서 '하나님의 창조'를 선언하는 이유는 온 세상과 모든 생명의 근원이 '하나님'께 있다는 것을 가르쳐주기 위해서입니다(골 1:16; 요 1:3). 다시 말해 하나님께서는 창조주이시고 우리는 그분이 지으신 피조물임을 말해주는 것이지요. 이를 통해 성경은 하나님과 우리가 본질적으로 다른 존재임을 분명히 말해주고 있습니다.
사실 신앙은 하나님과 내가 전혀 다른 존재라는 것, 바로 거기에서부터 시작됩니다. 하나님께서 나와 본질적으로 다른 분이라는 전제 없이 우리는 하나님을 경외할 수도, 믿을 수도 없기 때문입니다. 그저 내 수준에서 파악되고 나와 별다를 바 없는 존재를 믿고 따를 사람은 아무도 없으니까요. 하나님께서 창조주이심을 알고 믿게 된 사람만이 하나님께서 심판주요 구원자이시며, 통치자라는 것 또한 믿을 수 있습니다.

그런 의미에서 창세기 1장 1절은 신앙의 세계로 들어가게 하는 첫 번째 열쇠이며(enter the Bible) 삼위일체 하나님을 믿는 기독교 신앙의 출발점이 됩니다. 사도신경에서도 "나는 전능하신 아버지 하나님, 천지의 창조주를 믿습니다"라는 첫 문장으로 신앙을 고백하는 것은 결코 우연이 아니겠지요.

4) 하나님께서 창조주이심을 믿는 것이 기독교 신앙의 시작입니다. 그리고 성경은 바로 이 신앙의 길로 우리를 인도해 줍니다. 오늘 말씀을 기억하며 성경에 대한 정의를 다시 내려 볼까요?

"성경은 OOO이다."

5) 성경은 신앙을 시작하는 사람에게 매우 소중한 책입니다. 이 시간 성경을 선물해주고 싶은 사람을 떠올려 보세요. 오늘 배운 내용을 편지에 적어서 성경을 선물해보면 어떨까요?

📖 오늘의 은혜

📖 소그룹 기도제목

1-3 고백의 노래 (15분)

- 함께 이 찬양을 마음으로 고백하고, 기도로 마칩니다.

미니특강 #1: 성경개관

성경은 다양한 지역에 거주하는 40여 명의 저자들이 자신의 언어(히브리어, 헬라어, 아람어 등)로 기록하였다. 그래서 성경은 100% 사람의 책이다. 그러나 성경은 100% 하나님의 책이기도 한데, 그 이유는 하나님의 영이신 "성령의 감동"으로 되었기 때문이다(딤후 3:16). 따라서 총 66권(구약성경 39권, 신약성경 27권)으로 이루어진 성경은 약 2,930명의 인물과 1,550여 개의 지명이 등장하고, 1,600여 년에 걸쳐서 기록되었음에도 불구하고 하나의 통일된 주제를 담고 있다.

성경이 말하는 하나의 커다란 주제는 '하나님의 나라'이다. 그리고 하나님의 나라라는 주제를 관통하는 한 인물이 등장하는데 바로 '예수 그리스도'이다. 성경은 '예수 그리스도를 통하여 도래했고 완성되는(already, but not yet) 하나님 나라'라는 중심 주제를 일관되게 말하고 있다.

구약성경부터 신약성경까지 순서대로 나타나는 소주제를 열거하면 하나님의 창조, 인간의 타락, 하나님의 주권적인 구원 계획, 하나님의 백성으로 대표되는 이스라엘의 처절한 실패, 메시아를 통한 구원의 약속, 성육신 하신 하나님, 예수 그리스도의 십자가와 죽음, 부활과 성취, 최후의 심판과 재림, 하나님 나라의 완성으로 요약할 수 있다. 이 모든 사건과 역사 속의 주인공은 하나님이며, 하나님은 그분의 대계 속에 하나님의 사람들을 초청해 주셨다.

미니특강 #2: 성경구조

구약 (39) : 옛언약, 약속	- 율법서 (=모세오경)	⇒ 창세기, 출애굽기, 레위기, 민수기, 신명기 / 총 5권
	- 역사서	⇒ 여호수아, 사사기, 룻기, 사무엘상하, 열왕기상하, 역대상하, 에스라, 느헤미야, 에스더 / 총 12권
	- 시가서 (=성문서)	⇒ 욥기, 시편, 잠언, 전도서, 아가서 / 총 5권
	- 예언서 (=선지서)	⇒ 대예언서: 이사야, 예레미야, 예레미야애가, 에스겔, 다니엘 소예언서: 호세아, 요엘, 아모스, 오바댜, 요나, 미가, 나훔, 하박국, 스바냐, 학개, 스가랴, 말라기 / 총 17권

신약 (27) : 새언약, 성취	- 4복음서	⇒ 마태, 마가, 누가, 요한 / 총 4권
	- 역사서	⇒ 사도행전 / 총 1권
	- 서신서	⇒ 바울서신: 로마서, 고린도전후서, 갈라디아서, 에베소서, 빌립보서, 골로새서, 데살로니가전후서, 디모데전후서, 디도서, 빌레몬서 / 총 13권 ⇒ 히브리서 / 총 1권 ⇒ 공동서신: 야고보서, 베드로전후서, 요한 1,2,3서, 유다서 / 총 7권
	- 예언서	⇒ 요한 계시록 / 총 1권

두 번째 음

성경이다: 죄인과 하나님

"여호와께서 이르시되
내가 너희를 사랑하였노라 하나
너희는 이르기를
주께서 어떻게 우리를 사랑하셨나이까
하는도다 ... "

말라기 1:2

♪두 번째 음 성경이다: 죄인과 하나님

본과의 목적: 성경 속 죄인의 모습과 하나님의 사랑을 깨닫기
(Key word - 죄, 관계, 사랑)

2-1 오프닝 토크 (15분)

[성경이다]의 두 번째 시간입니다. 모임을 시작하며 오늘의 주제인 '죄'(sin)에 대하여 정의를 내려 봅시다.

"죄는 OOO이다."

2-2 '성경이다: 죄인과 하나님'을 위한 말씀 나눔

들어가며(15분)

우리는 지난 시간에 사람이 하나님의 계획을 따라 창조되었음을 살펴보았습니다. 그리고 하나님께서 사람을 특별히 사랑하시어 창조하신 세상을 다스리도록 하신 것도 배웠습니다. 그러나 사람은 얼마 지나지 않아 하나님의 사랑과 부르심을 거절하고, 하나님과의 소중한 관계를 깨어 버렸습니다. 성경은 이러한 사람의 상태를 일컬어 "죄"라고 말합니다.
죄는 헬라어의 세 가지 단어로 설명할 수 있습니다. 가장 먼저 '하마르티아'라는 단어입니다. 이 단어는 '표적에서 어긋난다'라는 뜻으로 과녁에

서 벗어난 상태, 곧 하나님의 뜻에서 어긋나 있는 상태를 의미합니다. 두 번째 단어는 '아노미아'입니다. 이 단어는 '불법'을 의미하는 단어로, 하나님의 법을 어긴 상태를 말합니다. 마지막으로 세 번째 단어는 '파라바시스'입니다. 이 단어는 '경계를 넘어갔다'라는 의미로, 창조주 하나님께서 설정한 경계를 피조물인 인간이 넘어간 상태를 의미합니다. 종합해 보면 죄는 사람이 하나님의 뜻에 불순종하고 하나님의 자리로 넘어간 불법의 상태를 의미합니다.

이제 여러분이 처음 생각했던 죄의 개념과 이 글을 통해 알게 된 죄의 개념이 어떻게 다른지 함께 나누어 봅시다.

말씀 속으로 (45분)

구약성경의 첫 번째 책인 창세기에는 하나님이 창조하신 이후, 하나님의 명령에 불순종함으로 죄를 짓게 된 아담과 하와의 이야기가 기록되어 있습니다. 아담과 하와로부터 시작된 죄란, 그들이 하나님의 뜻에 불순종하고 하나님처럼 되려고 한 데 있었습니다. 사람이 하나님의 자리를 탐한 것이 화근이었습니다. 죄는 사람과 하나님의 관계를 깨어 버렸습니다. 그리고 이 죄의 문제는 아담과 하와에게서 끝나지 않고 모든 사람에게 영향을 미쳤습니다(롬 3:10, 23; 5:19). 그런 의미에서 구약성경은 오랜 시간, 수많은 사람이 하나님께 범죄했던 역사를 서술해 놓은 책이라 해도 과언이 아닙니다. 구약성경의 마지막 책인 말라기에서도 여전히 인간은 하나님의 마음을 아프게 할 뿐이었습니다.

* 말라기 1:1-2절, 2:17-3:1절 말씀을 함께 읽고 아래의 질문에 답해 보세요.

1) 말라기는 죄로 인해 하나님과의 관계가 깨어진 사람들을 향한 경고의 말씀으로 시작됩니다(1:1). 하나님께서 가장 먼저 언급하시는 죄의 결과는 무엇인가요?(1:2 상반절)

관계의 단절은 소통의 문제를 가져옵니다. 마찬가지로 죄로 인해 하나님과의 관계가 깨어지면, 하나님과 사람 사이에도 소통의 문제가 생기게 됩니다. 오늘 말씀에서 하나님께서 언급하시는 첫 번째 죄의 결과도 바로 '불통'입니다. 하나님께서는 분명 말씀하십니다. "나는 너희를 사랑하였노라" 그러나 사람은 답합니다. "주께서 어떻게 우리를 사랑하셨습니까?"

하나님과 사람 사이의 불통은 쌍방 간의 잘못으로 인한 것이 아닙니다. 하나님은 진실로 사람을 사랑하셨습니다. 언제나 신실하셨습니다. 창조의 순간부터, 사람이 죄를 짓고 반복적으로 하나님을 대적할지라도 하나님은 먹이셨고, 입히셨고, 인도하셨습니다. 또한 하나님은 아브라함을 부르시고 이스라엘과 언약을 맺으심으로 모든 믿는 자를 구원할 계획을 보이기도 하셨습니다. 하나님은 사람이 죄를 지어도 선지자를 보내셔서 회개하라는 말씀하기를 멈추지 않으셨고, 끊임없이 다양한 방법을 통해 하나님의 사랑을 드러내셨습니다.

그러나 사람은 도무지 하나님의 사랑을 깨닫지 못했습니다! 엄밀히 말하면 사람은 끝까지 그 사랑을 거절하고 모른 척 했습니다. 절절한 하나님의 사랑 앞에서 눈을 감고 귀를 닫았습니다(사 43:8). 왜 그렇습니까? 하나님의 사랑보다 내가 주인 되어 사는 삶이 더 좋았기 때문입니다. 이 세상의 창조주이시며 주인이신 하나님의 통치를 받는 것보다, 내가 하나님이 되어 내 맘대로 살고 싶었기 때문입니다. 그래서 사람은 '선택한 불통' 속에서 살아가게 되었습니다. 자초한 소외감 속에서 하나님을 향한 의심과 원망을 갖게 되었습니다. 이것이 바로 죄의 결과입니다.

2) 불통으로 인하여 하나님의 사랑이 메마른 사람들은 하나님과의 인격적인 관계를 잃어버렸고(1:1-2:9), 스스로 인생의 주인이 되어 서슴없이 악을 행하며 거짓된 삶을 살게 되었습니다(2:10-16). 죄가 만연한 모습을 보고 하나님께서 뭐라고 말씀하셨나요?(2:17 상반절)

사람의 죄로 인해 하나님은 '괴롭다'라고 말씀하셨습니다. 하나님께서 너무나 사랑하는 존재가 하나님과의 인격적인 관계를 거절하고, 형식적인 예배를 드리며 겉으로만 하나님을 믿는 척 하는 이중적인 모습을 보이는 것이 하나님께는 정말 고통스러운 일이었습니다. 또한 그들의 삶 속에서 고의적으로, 지속적으로 거짓을 말하고 스스럼없이 악을 행하면서 하나님께 언제 우리가 그랬냐는 듯 묻는 뻔뻔함은 하나님을 무시하고 없이 여기는 행동이었습니다. 이제는 하나님께서 죄인을 향한 사랑을 거두신다

해도, 그 누구도 만류하지 못할 것 같습니다. 그러나 하나님은 다른 선택을 하십니다. 그 선택은 무엇일까요?

3) 하나님께서는 구제불능인 사람들에게 약속의 말씀을 주십니다. 그 약속은 무엇인가요?(3:1)

하나님께서 주신 약속의 말씀은 하나님의 사자와 언약의 사자를 보내주신다는 것이었습니다. 하나님의 사자는 예수님의 길을 예비했던 세례 요한을 의미하고, 언약의 사자는 예수 그리스도를 의미합니다. 이 말씀은 하나님께서 구제불능인 죄인들을 포기하지 않으시고 그들을 죄에서 구원할 수 있는 유일한 분, 예수 그리스도를 보내주신다는 약속이었습니다. 예수 그리스도는 누구입니까? 예수 그리스도는 하나님의 독생자이며 하나님과 동등한 분입니다. 그분은 창조의 때에 계셨던 말씀이셨고 지혜 자체입니다(잠 8:1; 요 1:1; 골 1:15-18). 무엇보다 예수님은 자기 백성을 죄에서 구원할 메시아, 곧 그리스도입니다. 말라기 3:1에서 하나님께서는 바로 이 예수 그리스도를 자격 없는 죄인들을 구원하기 위해 보내신다고 약속하시는 것입니다.

사실 하나님의 결정이 도무지 세상의 상식으로는 이해되지 않습니다. 하나님께서 배은망덕한 죄인들에게 이렇게까지 하시는 이유가 무엇일까요?

말라기뿐 아니라 구약성경 속 선지자들이 목이 터져라 외쳐도 회개치 않던 죄인들에게 왜 다시 구원의 기회를 준다고 말씀하시는 것일까요? 우리에게는 온통 의문투성이입니다. 그러나 하나님께서는 그 의문에 대해 '예수 그리스도'로 답하셨습니다. 로마서 5장 8절은 이야기합니다. "우리가 아직 죄인 되었을 때에 그리스도께서 우리를 위하여 죽으심으로 하나님께서 우리에 대한 자기의 사랑을 확증하셨느니라." 하나님께서는 예수 그리스도를 이 땅 가운데 보내심으로 이스라엘을 넘어 모든 죄인을 향한 하나님의 포기하지 않는 사랑, 변치 않는 사랑, 조건 없는 사랑을 보여 주셨습니다(요 3:16; 롬 5:1; 8:32). 하나님은 "언제 우리를 사랑하셨냐"라며 되묻던 구제불능의 죄인들마저도 끝까지 사랑하기로 결정하신 것입니다.

4) 성경에는 죄인의 모습도 기록되어 있지만, 그보다 강력한 하나님의 사랑이 기록되어 있습니다. 하나님의 사랑은 죄인들이 마음껏 죄를 짓도록 허락해 주는 면죄부가 아니라, 죄인을 구원하는 하나님의 방법입니다. 이 시간 여러분이 경험했던 죄 사함의 은혜와 하나님의 사랑에 대해 나누어 보세요.

우리는 모두 자격 없는 죄인이지만 하나님의 다함 없는 사랑을 받은 사람들입니다. '다시'의 은혜를 얻은 사람들입니다. 그런데 자꾸 이 사실을 잊곤 하지요. 성경은 우리에게 그 사실을 날마다 기억나게 해줍니다. 다른 이를 탓하기 전에 내가 죄인이라는 것, 그리고 하나님께서 이런 나를 사랑하셔서 새로운 삶의 기회를 주셨다는 것을 말이지요. 우리는 모두 '사랑받은 죄인'입니다.

오늘의 은혜

 소그룹 기도제목

2-3 고백의 노래 (15분)

- 함께 이 찬양을 마음으로 고백하고, 기도로 마칩니다.

미니특강 #3: 구약 시대별 구분과 흐름

구약 시대적 구분		
	- 원 역사	⇒ [창세기 전반부] 창조 ▶ 타락 ▶ 심판(홍수) 분산(바벨탑)
	- 족장시대 (B.C. 2000년경)	⇒ [창세기 후반부] 아브라함 ▶ 이삭 ▶ 야곱 요셉(노예, 총리)
	- 출애굽 시대 (B.C. 1500년경)	⇒ [출애굽기, 레위기, 민수기, 신명기] 출애굽 여정과 율법의 수여
	- 가나안 정복 시대 (B.C. 1200년경)	⇒ [여호수아] 가나안 정복의 역사
	- 사사시대 (B.C.1000년경)	⇒ [사사기] / [룻] 왕정기 이전
	- 왕정시대 (B.C. 1020~922년)	⇒ [사무엘 상.하] [대상] 하나님의 대리자로서 기름부음 받은 왕과 이스라엘
	- 분열왕국시대 (B.C. 1020~722/ 586년경)	⇒ [왕상.하] [대하] / [예언서] 지도자들의 타락과 회개, 이스라엘 멸망
	- 포로시대 (B.C. 550년경)	⇒ [다니엘, 에스더] 포로기에 임한 회복의 약속
	- 포로귀환 시대 (B.C. 538년경)	⇒ [느헤미야, 에스라] 회개와 영적각성
	- 포로귀환 후시대 (B.C. ~ 331년경)	⇒ [학개, 스가랴, 말라기] 메시아 예언

미니특강 #4: 신약 시대별 구분과 흐름

* Tip 1: 예수님의 탄생은 B.C. 3~4년으로 추정되기도 한다. 또한 갈라디아서와 데살로니가전서의 기록 연대 문제는 여전히 논쟁 중이다. 바울서신 중 가장 먼저 기록된 서신을 갈라디아서로 볼 것인가, 데살로니가전서로 볼 것인가에 따라서 연대는 조정될 수 있다. 아래의 시대적 구분은 각 문헌들에 기록된 사건의 연대에 따라 정리한 것이다.

* Tip 2: 오늘날 우리에게 주어진 성경은 2~4세기 교회의 정경화 과정을 통해 수집되고 확정된 정경(표준, 기준)으로 동방에서는 아타나시오스의 축일편지(A.D. 367)에서 신약성경의 정경목록이 확정되었고, 서방에서는 히포 레기우스 교회회의(A.D. 393)에서 정경목록이 결정되었으며 카르타고 교회회의(A.D. 397, 419)에서 수용되었다.

신약 시대적 구분	- A.D.1 ~ 29년경 (예수님 공생애)	⇒ 마태복음, 마가복음, 누가복음, 요한복음
	- A.D. 29 ~ 33년경 (예수님 죽음/부활/승천)	
	- A.D. 33 ~ 48년경 (교회의 형성)	⇒ 사도행전(1-12)
	- A.D. 48 ~ 50년경 (바울의 1차 전도여행)	⇒ 사도행전(13-15), 갈라디아서, 야고보서
	- A.D. 50 ~ 53년경 (바울의 2차 전도여행)	⇒ 사도행전(16-18), 데살로니가전후서
	- A.D. 53 ~ 57년경 (바울의 3차 전도여행)	⇒ 사도행전(19-21), 고린도전후서, 로마서
	- A.D. 57 ~ 62년경	⇒ 사도행전(22-28), 에베소서, 골로새서, 빌레몬서, 빌립보서
	- A.D. 62 ~ 68년경	⇒ 디모데전후서, 디도서, 베드로전후서
	- A.D. 68 ~ 95년경 (후기 사도 시대)	⇒ 요한123서, 유다서, 히브리서
	- A.D. 95년경	⇒ 요한 계시록

세 번째 음
성경이다: 구원자 예수 그리스도

"아들을 낳으리니
이름을 예수라 하라
이는 그가 자기 백성을
그들의 죄에서
구원할 자이심이라 하니라"

마태복음 1:21

♪ 세 번째 음 성경이다: 구원자 예수 그리스도

본과의 목적: 예수 그리스도가 누구시며, 무엇을 행하셨는지 깨닫기
(Key word - 예수 그리스도, 구원자)

3-1 오프닝 토크 (15분)

[성경이다]의 세 번째 시간입니다. 모임을 시작하며 '예수님'은 나에게 어떤 분인지 이야기해 봅시다. 여러분에게 예수님은 누구신가요?

"예수님은 OOO이다."

3-2 '성경이다: 구원자 예수 그리스도'를 위한 말씀 나눔

들어가며 (5분)

예수님은 2000년 전에도 그리고 오늘날에도 매우 유명한 분입니다. 사람들은 예수님을 세계 성인 중 한 사람으로 알기도 하고, 이스라엘의 선지자였다고 말하기도 합니다. 혹자는 예수라는 사람은 실존한 적 없는 허구의 인물이라고 말하거나, 『다빈치 코드』라는 소설에서처럼 신격화 된 인간일 뿐이라 말하기도 합니다. 그러나 수많은 그리스도인은 예수님을 만났고, 예수님을 하나님의 아들이요 구원자로 믿노라고 고백합니다.
성경을 보면 예수님께서는 이 땅에 오셔서 가르치셨고, 전도하셨으며, 아

픈 자들을 고치셨습니다(마 9:35). 그러나 성경이 말하는 그분의 가장 중요한 사역은 사람들의 죄의 문제를 해결하시고 구원의 길을 열어주셨다는 것입니다. 성경은 예수님이 아니고서는 죄인이 구원 받을 수 있는 길은 그 어디에도 없다고 반복하여 말합니다(행 4:12; 롬 3:24; 엡 1:7). 오직 예수님만이 우리를 죄에서 구원하시는 분이라고 강조하여 말합니다. 하나님께서 선지자들을 통하여 구약성경에 미리 약속하셨던 메시아, 그분이 바로 예수 그리스도라고 말하고 있습니다(롬 1:2).

말씀 속으로 (55분)

신약성경의 첫 번째 책, 첫 번째 장, 첫 번째 구절은 예수님이 아브라함과 다윗의 자손으로 태어나셨다고 기록합니다(마 1:1). 그분은 육으로는 다윗의 가문에 나신 완전한 사람이셨습니다(롬 1:3). 한편, 예수님은 성령으로 잉태되어 동정녀 마리아에게서 나신 하나님의 아들이기도 했습니다(마 1:18). 또한 그분은 완전한 하나님이셨습니다. 100% 인간이시면서, 100% 하나님이신 분... 우리의 머리로는 이해할 수 없는 신비 가운데 계신 분이 바로 예수님입니다. 이 시간에는 그 예수님을 좀 더 깊이 알아가기 원합니다. 예수님이 누구신지, 그리고 예수님은 어떤 일을 행하셨는지 성경말씀을 통해 하나 하나 살펴보는 시간을 가져 볼까요?

* 마태복음 1장 18-25절 말씀을 함께 읽고 아래의 질문에 답해 보세요.

1) 예수님은 다윗의 가문 요셉과 약혼한 마리아를 통하여, 성령으로 잉태되어 이 세상에 나셨습니다(1:18). 예수님이 태어나기 전에 요셉은 어떤 일을 경험했나요?(1:20-21 상반절)

다윗의 자손인 요셉은 마리아와 약혼한 사이였습니다. 아직 혼례식을 치르지는 않았지만 두 사람의 관계는 공식적이고 확실한 사이였습니다. 그런데 어느 날 아직 요셉과 동침하지 않은 마리아의 배가 불러오기 시작한 것입니다. 당시에는 약혼한 처녀가 다른 남자와 동침하면 돌로 쳐 죽이는 율법이 있었는데(신 22:23-24), 요셉은 마리아에게 그렇게 하고 싶지 않아 조용히 파혼을 하려 했습니다(마 1:19). 그러자 하나님께서는 요셉의 꿈에 주의 사자를 보내셔서 마리아에게 일어난 일이 하나님으로부터 말미암은 것임을 말씀해 주셨습니다. 그리고 마리아가 아들을 낳게 되면 그 이름을 "예수라 하라"라고 하였습니다. 마태복음에 기록된 이 사건은 예수님이 분명 다윗의 가문에서 태어났으나 요셉의 아들이 아니었고, 하나님의 계획과 보호하심 가운데 태어난 특별한 분임을 말해주고 있습니다.

2) 주의 사자는 태어날 아들의 이름을 '예수'라 하라고 전했습니다. '예수'라는 이름의 뜻은 무엇인가요?(1:21 하반절)

이름은 그 사람이 누구인지 보여줍니다. 특별히 하나님께서 지어 주신 이름에는 그 사람의 정체성과 사명이 담겨 있습니다. 하나님께서는 주의 사자를 보내셔서 성령으로 잉태되어 나실 이의 이름을 "예수"라 하라고 말씀하셨습니다. "예수"라는 이름의 뜻은 오늘 말씀 21절을 보면 "자기 백성을 그들의 죄에서 구원할 자"라는 뜻을 가지고 있습니다. 다시 말해 예수님은 죄인들을 구원하시기 위해 하나님께서 보내신 "구원자"이셨던 것입니다.

사실 이스라엘 사람들은 아주 오랜 시간 하나님이 보내실 구원자, 그리스도를 기다려 왔습니다(눅 2:25, 38). 몇몇 사람들은 그가 다윗의 가문에서 날 다윗 왕과 같은 사람일 것이라 생각했습니다. 그래서 바벨론에 의해 나라가 망한 뒤로(B.C. 587) 오랜 시간 강대국에 치이며 살아왔던 이스라엘을 회복하고 다시 일으킬 것이란 기대감을 갖고 있었습니다(행 1:6). 그러나 하나님께서는 예수님을 보내셔서 이스라엘의 회복이 아니라 모든 인간의 죄의 문제를 해결하려 하신다는 것을 말씀해 주셨습니다.

3) 구원자 예수 그리스도의 나심은 선지자를 통하여 이미 예언되었던 일이었습니다. 마태복음 1장 22절과 23절을 읽고 예수님의 또 다른 이름을 찾아보세요.

이 땅에 오신 예수님의 또 다른 이름은 "임마누엘"이었습니다. 임마누엘은 번역하면 "하나님이 우리와 함께 계시다"라는 뜻입니다. 그리고 이 이름의 보다 정확한 의미는 예수님께서 우리와 함께하시는 "하나님"이라는 의미입니다. 예수님은 인간이 되셔서 이 땅에 오신 하나님입니다(요 1:1, 14). 그렇다면 예수님은 다윗의 가문에 태어나신 한 사람이면서 동시에 하나님이라는 결론에 도달합니다. 네, 맞습니다! 예수님은 완전한 사람이셨고, 완전한 하나님이셨습니다.

이 사실은 역사 속에서 수많은 사람을 걸려 넘어지게 하였고(고전 1:23) 많은 이단을 생겨나게 한 계기이기도 했습니다. 예수님이 그저 인간이기만 했다면, 예수님이 오직 하나님이기만 했다면 오히려 사람들은 예수님을 구원자로 믿는 것을 훨씬 수월하게 여겼을지도 모릅니다. 그러나 하나님께서는 인간의 머리로는 도무지 이해할 수 없는 구원의 방법을 계획하셨고 실행하셨습니다(요 3:16; 롬 11:33; 고전 2:7).

4) 하나님은 왜 인간이 되셨을까요? 그리고 인간이 되신 그분이 행하신 일은 무엇인가요? 함께 아래 성경구절을 읽고, 해설을 읽어 봅시다

① 로마서 3:10 "기록된 바 의인은 없나니 하나도 없으며."
3:23 "모든 사람이 죄를 범하였으매 하나님의 영광에 이르지 못하더니."
* 해설: 예수님이 이 땅에 오신 이유는 인간이 스스로 자신의 죄를 해결할 수 없는 존재이기 때문입니다. 모든 사람은 죄를 범하였고 하나님 앞에서 그 누구도 의롭다 칭할 수 없습니다. 죄의 문제를 해결할 수 있는 분은 오직 하나님뿐입니다. 그래서 하나님이 육신이 되어 이 땅에 오셨습니다.

② 마가복음 10:45 "인자가 온 것은 섬김을 받으려 함이 아니라 도리어 섬기려 하고 자기 목숨을 많은 사람의 대속물로 주려 함이니라."
* 해설: 예수님께서는 자신이 이 땅에 온 이유를 섬기기 위해서라고 말씀하셨습니다. 그리고 자기 목숨을 많은 사람의 "대속물"로 주려 한다고 말씀하셨습니다. '대속물'이란 노예를 해방시켜 줄 때 대가로 지불하는 돈을 말합니다. '속전'이라고도 하며, 성경에서는 "속량"이라는 단어로도 표현됩니다. 예수님은 죄를 지어 죄의 노예가 된 사람들을 구원하시려고 자신이 친히 대속물이 되고자 하셨습니다.

③ 로마서 6:23 "죄의 삯은 사망이요…"
5:15 "… 한 사람의 범죄를 인하여 많은 사람이 죽었은즉… 한 사람 예수 그리스도의 은혜로 말미암은 선물은 많은 사람에게 넘쳤느니라"
* 해설: 죄의 대가는 오직 죽음으로만 갚을 수 있습니다. 돈으로도, 명예로도, 지식으로도 갚을 수 없습니다. 하나님께서 죄인들의 죄 값을 갚아 주시려면 하나님이 대신 죽으셔야 합니다. 그러나 하나님은 본질적으로

죽을 수 없습니다. 그분은 영이시며(요 4:24) 불변하는 분이고 전지전능한 분이기 때문입니다(약 1:17). 그분은 인간처럼 유한한 존재가 아닙니다. 결국 그분이 죽으려면... 사람이 되어야만 합니다. 예수님은 한 사람 아담이 범죄 하여 가져온 죽음의 문제를 해결하기 위해서 또 다른 한 사람이 되셨습니다.

④ 로마서 3:21-24 "이제는 율법 외에 하나님의 한 의가 나타났으니 율법과 선지자들에게 증거를 받은 것이라 곧 예수 그리스도를 믿음으로 말미암아 모든 믿는 자에게 미치는 하나님의 의니 차별이 없느니라... 그리스도 예수 안에 있는 속량으로 말미암아 하나님의 은혜로 값 없이 의롭다 하심을 얻은 자 되었느니라."
* 해설: 예수님은 하나님의 약속대로 모든 사람을 위한 구원의 길을 여셨습니다. 그러나 예수님께서 죽으셨다고 모든 사람이 구원받는 것은 아닙니다. 오직 예수님이 나의 죄를 대신 속량하신 분임을 '믿는' 사람에게만 구원이 임합니다. 예수님이 나의 죄를 위하여 죽으시고 나의 의가 되어 주신 것을 믿는 사람은 누구나 차별 없이, 값 없이 죄 사함을 받고 의롭다 칭함을 얻게 됩니다.

⑤ 로마서 3:25-26 "이 예수를 하나님이 그의 피로써 믿음으로 말미암는 화목제물로 세우셨으니 이는 하나님께서 길이 참으시는 중에 전에 지은 죄를 간과하심으로 자기의 의로우심을 나타내려 하심이니 곧 이 때에 자기의 의로우심을 나타내사 자기도 의로우시며 또한 예수 믿는 자를 의롭다 하려 하심이라."
* 해설: 예수님은 우리를 대신하여 십자가에 달려 죽으셨습니다. 나무에 달린 자는 저주를 받은 자라는 오명을 쓰시고(갈 3:13), 죄도 없으신 분이

우리 때문에 로마의 끔찍한 처형 도구인 십자가에 달려 죽으셨습니다. 예수님은 물과 피를 쏟으시며 우리를 대신하여 모든 고난을 당하셨습니다. 예수님은 친히 구약의 희생제사에 드려졌던 화목제물이 되어 단번에 우리의 모든 죄와 허물을 덮어 주셨습니다(요일 4:10). 십자가에서 흘리신 예수님의 보혈은 죄인을 향한 하나님의 진노를 모두 제하였고(롬 1:18), 우리의 모든 죄를 깨끗하게 씻었습니다(요일 1:7). 이로써 예수님은 죄인을 심판하셔야 하는 "하나님의 공의"와 죄인을 구원하시려는 "하나님의 사랑"을 모두 이루셨습니다.

⑥ 고린도전서 1:18 "십자가의 도가 멸망하는 자들에게는 미련한 것이요 구원을 받는 우리에게는 하나님의 능력이라."
* 해설: 예수님이 십자가에서 끔찍하게 죽으셨기 때문에 많은 사람들은 예수님 믿기를 꺼렸습니다. 십자가의 예수는 그들이 기대했던 멋진 메시아의 모습이 아니었기 때문입니다. 그러나 십자가에서 죽으신 예수 그리스도는 구원을 받는 우리에게 가장 완벽한 하나님의 지혜이고 능력입니다. 그래서 사도 바울은 이렇게 말하기도 했습니다. "내가 너희 중에서 예수 그리스도와 그가 십자가에 못 박히신 것 외에는 아무것도 알지 아니하기로 작정하였음이라"(고전 2:2). 십자가에 못 박히신 예수 그리스도는 하나님께서 우리에게 주신 가장 값진 보배이고(고후 4:7) 가장 놀라운 하나님의 은혜입니다.

⑦ 고린도전서 15:17 "그리스도께서 다시 살아나신 일이 없으면 너희의 믿음도 헛되고 너희가 여전히 죄 가운데 있을 것이요."
15:20 "그러나 이제 그리스도께서 죽은 자 가운데서 다시 살아나사 잠자는 자들의 첫 열매가 되셨도다."

* 해설: 예수님의 십자가 죽음은 하나님의 구원사역에서 가장 중요한 것입니다. 그러나 십자가 죽음만으로는 구원이 완성된 것이 아닙니다. 예수님은 십자가에서 죽으시고 사흘 만에 부활하셔서 모든 죄와 사망을 이기셨습니다(골 2:13-15). 하나님께서 예수님을 살리셔서(행 2:32; 5:30) 예수님이 하나님이심을 나타내시고 두 번째 아담으로서 부활의 첫 열매가 되게 하셨습니다. 예수님은 인간이며 하나님이고, 죽으시고 부활하신 구원자입니다.

<핵심 요약>

1. 하나님은 왜 인간이 되셨는가?
   인간의 죄를 대신하여 죽으시고 부활의 첫 보증이 되시려고 인간이 되셨습니다.

2. 인간이 되신 하나님이 하신 일은 무엇인가?
   죄에 대한 하나님의 공의와 죄인을 향한 하나님의 사랑, 이 두 가지를 십자가에서 죽으시고 부활하심으로 이루셨습니다.

5) 인간이며 하나님이신 예수님은 우리의 구원자이십니다. 예수님은 십자가에서 죽으셨고 부활하셨습니다. 성경은 바로 이 예수님에 대하여 말하는 책입니다. 오늘 성경공부를 통하여 새롭게 깨달은 점이나 은혜 받은 점을 나누어 봅시다.

오늘의 은혜

 소그룹 기도제목

3-3 고백의 노래 (15분)

- 함께 이 찬양을 마음으로 고백하고, 기도로 마칩니다.

미니특강 #5: 구약성경 39권 키워드로 보기

구약성경은 39개의 책으로 이루어져 있습니다.
각 권의 책이 담고 있는 핵심 내용을 키워드 중심으로 함께 살펴볼까요?

구분	구약성경(장)	키워드
모세오경 (5권)	창세기(50)	창조, 타락, 언약
	출애굽기(40)	언약, 구속, 십계명
	레위기(27)	제사(예배), 거룩
	민수기(36)	인구조사, 이동
	신명기(34)	언약, 기억, 하나님 사랑

구분	구약성경(장)	키워드
역사서 (12권)	여호수아(24)	언약, 가나안 땅, 정복
	사사기(21)	우상숭배, 불순종, 사사, 구원
	룻기(4)	언약, 기업, 나오미, 보아스
	사무엘상(31)	이스라엘, 왕, 사무엘, 다윗, 사울
	사무엘하(24)	언약, 다윗왕, 나단, 압살롬
	열왕기상(22)	왕들의 이야기, 순종, 우상숭배
	열왕기하(25)	우상숭배, 회개, 심판
	역대상(29)	족보, 사울왕, 다윗왕
	역대하(36)	솔로몬왕, 고레스, 포로귀환
	에스라(10)	귀환, 성전재건, 회개운동
	느헤미야(13)	성벽재건, 부흥, 개혁
	에스더(10)	에스더, 모르드개, 음모, 구원

시가서 (성문서) (5권)	욥기(42)	고난, 하나님의 주권
	시편(150)	영광, 할렐루야, 탄원
	잠언(31)	솔로몬왕, 아굴, 지혜
	전도서(12)	헛됨, 지혜, 경외
	아가(8)	사랑, 질투, 기쁨

대예언서 (대선지서) (5권)	이사야(66)	회개, 심판, 회복
	예레미야(52)	우상숭배, 회개, 멸망예언
	예레미야애가(5)	애도, 슬픔, 소망
	에스겔(48)	포로, 소명, 심판, 회복
	다니엘(12)	뜻, 경외, 지혜

소예언서 (소선지서) (12권)	호세아(14)	죄, 신실한 사랑, 부부의 관계
	요엘(3)	여호와의 날, 성령, 회복
	아모스(9)	심판, 환상, 정의와 공의
	오바댜(1)	에돔 심판, 이스라엘 회복
	요나(4)	불순종, 니느웨, 회개
	미가(7)	앗수르, 애굽, 회개
	나훔(3)	니느웨 심판
	하박국(3)	악인의 형통, 믿음, 의인, 찬양
	스바냐(3)	주의 날, 심판, 남은 자, 구원
	학개(2)	성전재건 촉구, 영광, 약속
	스가랴(14)	환상, 성전재건, 메시아
	말라기(4)	죄, 변함없는 하나님의 사랑, 십일조, 메시아

미니특강 #6: 신약성경 27권 키워드로 보기

신약성경은 27개의 책으로 이루어져 있습니다.
각 권의 책이 담고 있는 핵심 내용을 키워드 중심으로 함께 살펴볼까요?

구분	신약성경(장)	키워드
사복음서 (4권)	마태복음(28)	왕으로 오신 예수님 (대상: 유대인)
	마가복음(16)	종으로 오신 예수님 (대상: 로마인)
	누가복음(24)	사람으로 오신 예수님 (대상: 헬라인)
	요한복음(21)	말씀이신 예수님 (대상: 온 인류)

구분	신약성경(장)	키워드
역사서 (1권)	사도행전(28)	성령, 교회의 시작, 사도들의 역사, 사도바울의 선교여행

서신서 (21권)	로마서(16)	하나님의 의, 이신칭의
	고린도전서(16)	십자가의 도, 고린도 교회의 문제
	고린도후서(13)	화해, 바울의 평판 문제
	갈라디아서(6)	복음, 그리스도인의 자유
	에베소서(6)	교회, 모퉁이돌, 성령의 검
	빌립보서(4)	기쁨, 그리스도 예수의 마음, 자족
	골로새서(4)	교회의 머리, 위의 것
	데살로니가전서(5)	강림/재림, 주의 날
	데살로니가후서(3)	강림(재림 지연), 하나님의 공의
	디모데전서(6)	죄인 중에 괴수, 하나님의 사람
	디모데후서(4)	아름다운 것, 그릇, 말세, 성경
	디도서(3)	바른 교훈, 이단
	빌레몬서(1)	빌레몬, 갇힌 중 낳은 아들 오네시모
	히브리서(13)	새언약, 대제사장, 성소, 속죄, 믿음
	야고보서(5)	욕심, 믿음, 행함, 위로부터 난 지혜
	베드로전서(5)	산 소망, 택하신 족속, 세례
	베드로후서(3)	신성한 성품, 새 하늘과 새 땅
	요한 1서(5)	하나님은 빛/사랑, 적그리스도, 영생
	요한 2서(1)	계명, 적그리스도
	요한 3서(1)	가이오, 네 영혼이 잘됨 같이~!
	유다서(1)	거짓교사(이단), 그리스도를 부인

예언서(1권)	요한계시록(22)	계시, 알파와 오메가, 어린 양

네 번째 음

성경이다: 완성의 그때

"주 하나님이 이르시되
나는 알파와 오메가라
이제도 있고 전에도 있었고
장차 올 자요 전능한 자라 하시더라"

요한계시록 1:8

♪ 네 번째 음 성경이다: 완성의 그때

본과의 목적: 예수 그리스도의 재림으로 완성될 하나님 나라 기다리기
(Key word - 재림, 완성, 하나님의 나라)

4-1 오프닝 토크 (15분)

[성경이다]의 네 번째 시간입니다. 오늘은 성경의 마지막 책인 요한계시록을 중심으로 이야기를 나누어 볼 텐데요. 여러분은 요한계시록을 생각하면 어떤 이미지나 단어가 떠오르나요?

"요한계시록은 ○○○이 떠오른다."

4-2 '성경이다: 완성의 그때'를 위한 말씀 나눔

들어가며 (5분)

세상의 시작이 있다면, 세상의 끝도 있겠지요? 성경에도 세상의 마지막에 대해서 말하는 책이 있습니다. 바로 요한계시록인데요. 세상의 시작을 말하는 창세기가 성경의 첫 번째 책인 반면, 세상의 끝을 말하는 요한계시록이 성경의 마지막에 놓여 있는 것은 결코 우연이 아닐 것입니다. 성경은 요한계시록을 통해 이 세상이 영원하지 않고 반드시 끝이 있음을 말하고 있습니다.

그런데 그 끝은 어느 날 갑자기 세상이 펑 하고 사라지는 것을 말하지 않습니다. 오히려 요한계시록이 말하는 '끝'은 모든 존재가 영원한 판결을 받는 최후의 심판대 앞에 서게 된다는 것을 말해주고 있습니다. 모든 존재는 반드시 자신의 삶에 대해서 정산을 해야 하는 때가 온다는 것이지요. 물론 예수 그리스도를 믿어 구원받은 사람들은 영원한 생명을 얻을 것입니다. 그러나 우리가 어떻게 살아왔는지, 무엇을 위해서 살았는지 하나님 앞에서 결코 숨길 수 없는 것이지요. 그렇게 볼 때 '세상의 끝'은 아주 오랜 후에 벌어질 나와는 상관없는 일이 아니라, 내가 오늘을 어떻게 살아야 할지 결정 짓게 하는 아주 중요한 요인이 됩니다.

말씀 속으로 (55분)

십자가에서 죽으셨다가 사흘 만에 부활하신 예수님은 제자들을 찾아가서 부활의 소식을 알리셨습니다. 그리고 40일 동안 제자들과 함께하시며 하나님 나라의 일에 대하여 가르치셨지요(행 1:3) 그 시간 동안 제자들은 예수님이 이 땅에 왜 오셨는지, 그분이 죽으시고 부활하신 이유가 무엇인지 깨달았을 것입니다(눅 24:25-27). 마지막으로 예수님은 제자들에게 아버지께서 약속하신 성령을 받아 복음의 증인이 되라고 명령하시며(행 1:8; 마 28:19-20) 하늘로 올라가셨습니다. 제자들은 예수님이 올라가는 모습만 하염없이 바라보고 있었는데, 두 천사가 나타나 그들에게 예수님이 하늘로 가심 그대로 다시 오실 것이라고 알려 주었습니다(행 1:11; 계 22:20).

이때부터 제자들은 함께 모여 기도했고, 예수님의 말씀대로 오순절 성령 강림 사건을 체험하였습니다. 본격적인 교회의 시대가 시작된 것이지요. 교회로 모인 제자들은 예수님의 다시 오심을 기다리며 예수님과 복음, 하나님의 나라를 전하기 시작했습니다. 그런데 문제는 제자들이 한 해 두 해 기다려도 예수님이 다시 오시지 않는 것이었습니다. 그리고 예수님을 믿는다는 이유로 교회가 핍박을 받기 시작한 거죠. 교회는 앞으로 어떻게 해야 하는 걸까, 다시 오신다는 예수님을 향한 믿음은 어떻게 지켜야 하는 걸까 성도들은 고민하기 시작했습니다.

* 요한계시록 1장 1-20절 말씀을 함께 읽고 아래의 질문에 답해 보세요.

1) 다시 오신다는 예수님은 오시지 않고, 사도라 불리던 예수님의 제자들도 복음을 전하다 대부분 순교하였습니다. 이제 요한 한 사람만 남게 되었지요. 지금 그의 처지는 어떠한가요?(9절)

요한은 하나님의 말씀과 예수님에 대하여 전하다가 밧모라는 섬에 유배를 가게 되었습니다. 예수님을 믿고 전한다는 이유만으로 감옥에 끌려갈 수도, 죽음을 당할 수도 있는 시대였던 것이지요. 또한 오늘 말씀 9절을 보면 요한은 스스로를 이렇게 소개하고 있어요. "나 요한은 너희 형제요 예수의 환난과 나라와 참음에 동참하는 자라." 이 고백으로 당시 예수님을 믿음으로 환난을 당하는 다른 형제들이 있었고, 그 가운데 요한도 함께하고 있었다는 것을 알 수 있습니다.

다시 오신다고 말씀하신 예수님은 수십 년이 지나도 오시지 않는데, 요한과 형제라 불리는 교회의 성도들은 왜 그들의 믿음을 지키기 위해 환난을 감수하고 있었던 걸까요? 그 이유는 역시나 9절에 나와 있습니다. 그들은 환난 뿐 아니라 예수님의 나라와 참음에도 동참하고 있었기 때문입니다. 다시 말해 그들은 예수님이 다시 오셔서 완성하실 하나님의 나라를 인내하며 기다리고 있었기 때문에, 지금의 고난과 어려움을 견딜 수 있었습니다.

2) 자신에게 주어진 삶을 인내하며 예수님을 기다리고 있는 요한에게 주의 날에 어떤 일이 일어났나요?(10-11절)

주의 날에 성령의 충만함을 받은 요한은 갑자기 자신의 뒤에서 들리는 나팔 소리 같은 큰 음성을 들었습니다. 그 음성은 네가 보는 것을 적어서 아시아의 일곱 교회에 보내라는 예수님의 명령이었습니다(1:4, 11, 19). 이에 요한은 보고 들은 것을 적었고, 그 글이 바로 요한계시록인 것입니다. 요한계시록은 막연히 미래에 일어날 일들을 모아놓은 판타지가 아니었습니다. 요한계시록은 분명한 대상을 위해 기록된 책이었습니다. 바로 환난 중에 있는 교회를 향한 예수님의 계시의 말씀이었습니다(1:1).

예수님은 어려움 중에 있는 교회를 홀로 두지 않으셨습니다. 그들이 현재 겪고 있는 문제와 어려움을 모두 알고 계셨습니다. 예수님께서는 그들에게 이러한 상황 속에서도 그들이 믿음을 지킬 수 있도록 위로하시고 세세하게 가르치시며 말씀을 주셨습니다(2:1-3:22). 그리고 그들이 믿음을 지켜야 할 이유와 마지막 때에 일어날 일들, 무엇보다 예수님이 다시 오심으로 온전히 이루어질 하나님의 나라에 대해서도 말씀해 주셨습니다.

3) 예수님은 요한을 통해 교회를 향한 계시의 말씀을 주셨습니다. 그리고 이 일을 말씀하시는 자신을 가리켜 무엇이라 말씀하시나요? (8, 17 하반절-18절)

예수님은 스스로 일컬어 "나는 알파와 오메가라"라고 말씀하십니다. 알파와 오메가는 헬라어 알파벳의 첫 글자와 마지막 글자를 가리키는 말로, 예수님께서 이 모든 우주 역사의 처음이시며 마지막인 분이라는 의미입니다. 특별히 예수님은 이 말씀을 두 번이나 반복하며 강조하여 말씀하셨는데요(1:8, 17). 이는 예수님께서 시간과 공간을 초월하시고 모든 역사를 주관하시는 하나님이심을 말씀해주는 것입니다. 예수님은 전능하신 하나님, 영원하신 하나님, 온 우주의 통치자, 사망과 음부의 열쇠를 가진 심판의 주님이심을 분명히 보여 주셨습니다.

예수님께서 누구신가를 이토록 자세히, 그리고 엄중하게 말씀해 주신 이유는 무엇일까요? 그 이유는 교회를 향한 말씀, 장차 일어날 일들, 심판과 구원, 하나님 나라의 도래와 같은 모든 계시의 말씀을 하신 분이 누구인가를 다시 상기시켜 주기 위해서였습니다. 예수님은 이 계시의 주체가 누구인가를 강조함으로써 요한계시록에 기록된 모든 말씀과 사건들이 지금도 있으며 반드시 일어날 일임을 확증하여 주고 계시는 것입니다(1:19). 그리고 예수님이 앞으로 하실 일들에 대해서도 말해 주는 것이고요. 그래서 요한은 3절에 이렇게 기록합니다. "이 예언의 말씀을 읽는 자와 듣는 자와 그 가운데에 기록한 것을 지키는 자는 복이 있나니 때가 가까움이라."

4) 장차 일어날 일 중에서, 예수님께서 반복하여 강조하시는 일은 무엇인가요?(4, 7-8절)

예수님께서는 요한계시록을 통하여 장차 일어날 여러 일들을 보여 주시고 말씀해 주셨지만, 그 중에서도 가장 중요한 일은 바로 '예수님이 다시 오신다'라는 사실이었습니다. 예수님은 요한계시록의 첫 장에서 세 번이나 당신이 이 땅에 오실 것을 말씀하셨습니다. 그리고 우리가 함께 찾아 읽어보지는 않았지만 요한계시록 마지막 장인 22장 7절, 12절과 20절에서도 예수님은 "내가 속히 오리라"라고 거듭 말씀하십니다. 예수님이 요한계시록의 앞뒤로 강조하고 싶으신 것은 "내가 반드시, 속히, 너희에게 다시 온다"라는 말씀이었습니다.

환난 가운데 있는 성도들에게 예수님의 이 말씀은 얼마나 큰 위로가 되었을까요? 다시 오신다는 말씀을 남기고 승천하신 주님을 그리워하던 성도들에게, 믿음을 지키며 맡기신 복음을 전하기 위해 외로운 신앙의 여정을 걸어온 그들에게 예수님이 다시 오신다는 말씀보다 감격스러운 약속이 있었을까요? 세상의 핍박과 조롱에도 인내하며 예수의 환난, 고난과 참음에 동참해 온 사람들에게 그토록 그리던 우리 주님의 얼굴을 뵈옵는 날은 얼마나 간절히 기다려 온 날이었을까요? 교회에 전하는 예수님의 "다시 온다"라는 말씀은 가장 바라던 기쁨의 소식이었고, 세상 무엇과도 비교할 수 없는 가장 큰 위로의 말씀이었습니다.

5) 성경은 예수님이 반드시 다시 오신다고 기록하고 있습니다. 예수님이 오실 때 어떤 일들이 일어날까요?(계 19:11; 20:12; 21:4-7).

사랑하는 여러분, 성경에 기록된 대로 예수님은 반드시 다시 오셔서 세상의 끝날 악한 세력과 죄인들을 심판하실 것이고(19:11; 20:12), 생명책에 기록된 거룩한 성도들의 눈물을 닦아 주시며 그들을 영원한 하나님의 나라로 옮기실 것입니다. "모든 눈물을 그 눈에서 닦아 주시니 다시는 사망이 없고 애통하는 것이나 곡하는 것이나 아픈 것이 다시 있지 아니하리니…"(21:4)

그 날에는 이사야 선지자가 말했던 어린이와 맹수가 장난쳐도 물지 않는 참 사랑과 기쁨의 그 나라(사 11:6-9), 곧 하나님의 나라에서 주 예수 그리스도를 믿는 모든 사람이 영원한 안식을 누리게 될 것입니다. 우리는 예수 그리스도의 초림으로 도래했던 하나님 나라의 완성을 비로소 목도하게 될 것입니다. 성도는 바로 이 천국 소망을 품고 살아가는 사람들입니다.

6) 성경은 감격스런 하나님의 나라, 완성의 그때를 말하며 책을 맺습니다. 그리고 교회는 지금도 예수님께서 다시 오실 날을 소망하며 기다립니다. "아멘! 주 예수여, 오시옵소서!" 마라나타의 신앙이 우리 안에도 깊이 심겨지길 바라며 기도로 마칩니다.

오늘의 은혜

 소그룹 기도제목

4-3 고백의 노래 (15분)

- 함께 이 찬양을 마음으로 고백하고, 기도로 마칩니다.

부록 : 월별 성경일독표

1월

일	성경	확인
1	창1-3	
2	창4-7	
3	창8-11	
4	창12-16	
5	창17-19	
6	창20-23	
7	창24-25	
8	창26-27	
9	창28-30	
10	창31-32	
11	창33-35	
12	창36-37	
13	창38-40	
14	창41-42	
15	창43-44	
16	창45-47	
17	창48-50	
18	출1-3	
19	출4-6	
20	출7-8	
21	출9-11	
22	출12-14	
23	출15-17	
24	출18-20	
25	출21-23	
26	출24-27	
27	출28-29	
28	출30-32	
29	출33-35	
30	출36-38	
31	출39-40	

2월

일	성경	확인
1	레1-4	
2	레5-7	
3	레8-10	
4	레11-13	
5	레14-16	
6	레17-20	
7	레21-23	
8	레24-25	
9	레26-27	
10	민1-2	
11	민3-5	
12	민6-7	
13	민8-10	
14	민11-13	
15	민14-15	
16	민16-18	
17	민19-21	
18	민22-23	
19	민24-26	
20	민27-29	
21	민30-32	
22	민32-33	
23	민34-36	
24	신1-3	
25	신4-6	
26	신7-9	
27	신10-12	
28	신13-16	
29		
30		
31		

3월

일	성경	확인
1	신17-19	
2	신20-22	
3	신23-25	
4	신26-28	
5	신29-30	
6	신31-32	
7	신33-34	
8	수1-3	
9	수4-7	
10	수8-9	
11	수10-11	
12	수12-15	
13	수16-18	
14	수19-22	
15	수23-24	
16	삿1-3	
17	삿4-5	
18	삿6-7	
19	삿8-9	
20	삿10-11	
21	삿12-14	
22	삿15-17	
23	삿18-19	
24	삿20-21	
25	룻1-4	
26	삼상1-2	
27	삼상3-6	
28	삼상7-9	
29	삼상10-12	
30	삼상13-15	
31	삼상16-17	

일	4월 성경	확인	일	5월 성경	확인	일	6월 성경	확인
1	삼상18-19		1	왕하14-5		1	느1-3	
2	삼상20-22		2	왕하16-17		2	느4-6	
3	삼상23-25		3	왕하18-19		3	느7-8	
4	삼상26-28		4	왕하20-21		4	느9-11	
5	삼상29-31		5	왕하22-23		5	느12-13	
6	삼하1-3		6	왕하24-25		6	에1-3	
7	삼하4-6		7	대상1-3		7	에4-6	
8	삼하7-10		8	대상4-5		8	에7-10	
9	삼하11-13		9	대상6-7		9	욥1-5	
10	삼하14-15		10	대상8-10		10	욥6-11	
11	삼하16-17		11	대상11-13		11	욥12-17	
12	삼하18-19		12	대상14-16		12	욥18-21	
13	삼하20-22		13	대상17-19		13	욥22-27	
14	삼하23-24		14	대상20-23		14	욥28-32	
15	왕상1-2		15	대상24-26		15	욥33-37	
16	왕상3-5		16	대상27-29		16	욥38-42	
17	왕상6-7		17	대하1-3		17	시1-9	
18	왕상8		18	대하4-6		18	시10-18	
19	왕상9-10		19	대하7-9		19	시19-25	
20	왕상11-12		20	대하10-13		20	시26-31	
21	왕상13-14		21	대하14-17		21	시32-36	
22	왕상15-16		22	대하18-19		22	시37-41	
23	왕상17-18		23	대하20-21		23	시42-48	
24	왕상19-20		24	대하22-24		24	시49-55	
25	왕상21-22		25	대하25-28		25	시56-61	
26	왕하1-3		26	대하29-30		26	시62-68	
27	왕하4-5		27	대하31-33		27	시69-72	
28	왕하6-8		28	대하34-36		28	시73-77	
29	왕하9-10		29	스1-3		29	시78-83	
30	왕하11-13		30	스4-7		30	시84-89	
31			31	스8-10		31		

일	7월 성경	확인	일	8월 성경	확인	일	9월 성경	확인
1	시90-99		1	사45-48		1	겔16-17	
2	시100-106		2	사49-51		2	겔18-20	
3	시107-110		3	사52-56		3	겔21-22	
4	시111-118		4	사57-59		4	겔23-24	
5	시119		5	사60-63		5	겔25-28	
6	시120-135		6	사64-66		6	겔29-31	
7	시136-143		7	렘1-3		7	겔32-33	
8	시144-150		8	렘4-5		8	겔34-36	
9	잠1-4		9	렘6-7		9	겔37-38	
10	잠5-8		10	렘8-10		10	겔39-40	
11	잠9-13		11	렘11-13		11	겔41-43	
12	잠14-17		12	렘14-16		12	겔44-45	
13	잠18-21		13	렘17-19		13	겔46-48	
14	잠22-25		14	렘20-22		14	단1-2	
15	잠26-28		15	렘23-25		15	단3-4	
16	잠29-31		16	렘26-28		16	단5-6	
17	전1-4		17	렘29-30		17	단7-8	
18	전5-8		18	렘31-32		18	단9-10	
19	전9-12		19	렘33-35		19	단11-12	
20	아1-8		20	렘36-37		20	호1-5	
21	사1-3		21	렘38-40		21	호6-9	
22	사4-7		22	렘41-44		22	호10-14	
23	사8-10		23	렘45-48		23	욜1-3	
24	사11-15		24	렘49-50		24	암1-4	
25	사16-21		25	렘51-52		25	암5-9	
26	사22-25		26	애1-2		26	옵	
27	사26-29		27	애3-5		27	욘1-4	
28	사30-32		28	겔1-5		28	미1-7	
29	사33-36		29	겔6-9		29	나1-3	
30	사37-40		30	겔10-12		30	합1-3	
31	사41-44		31	겔13-15		31		

일	10월 성경	확인
1	습1-3	
2	학1-2	
3	슥1-8	
4	슥9-14	
5	말1-4	
6	마1-4	
7	마5-7	
8	마8-10	
9	마11-13	
10	마14-17	
11	마18-20	
12	마21-22	
13	마23-25	
14	마26-28	
15	막1-3	
16	막4-5	
17	막6-7	
18	막8-9	
19	막10-11	
20	막12-13	
21	막14-16	
22	눅1-2	
23	눅3-4	
24	눅5-6	
25	눅7-8	
26	눅9-10	
27	눅11-12	
28	눅13-14	
29	눅15-16	
30	눅17-18	
31	눅19-20	

일	11월 성경	확인
1	눅21-22	
2	눅23-24	
3	요1-3	
4	요4-5	
5	요6-7	
6	요8-9	
7	요10-11	
8	요12-13	
9	요14-15	
10	요16-17	
11	요18-19	
12	요20-21	
13	행1-2	
14	행3-5	
15	행6-8	
16	행9-10	
17	행11-13	
18	행14-15	
19	행16-17	
20	행18-19	
21	행20-21	
22	행22-24	
23	행25-26	
24	행27-28	
25	롬1-2	
26	롬3-6	
27	롬7-9	
28	롬10-11	
29	롬12-14	
30	롬15-16	
31		

일	12월 성경	확인
1	고전1-4	
2	고전5-7	
3	고전8-11	
4	고전12-14	
5	고전15-16	
6	고후1-5	
7	고후6-10	
8	고후11-13	
9	갈1-3	
10	갈4-6	
11	엡1-6	
12	빌1-4	
13	골1-4	
14	살전1-5	
15	살후1-3	
16	딤전1-6	
17	딤후1-4	
18	딛, 몬	
19	히1-6	
20	히7-10	
21	히11-13	
22	약1-5	
23	벧전1-5	
24	벧후1-3	
25	요일1-5	
26	요2,3,유	
27	계1-4	
28	계5-9	
29	계10-14	
30	계15-18	
31	계19-22	

성경이다 메모리

성경이다를 통해 만났던 이들의 이름과 함께 했던 때를 적어보세요. :-)

언제	누구와

✨ 들어가는 말

똑똑똑.
무슨 소리일까요?
한밤중에 사람들 눈을 피해
한 사람이 찾아와 문을 두드립니다.
그의 이름은 니고데모,
'이스라엘의 선생'이라 불리던 사람입니다.
그는 하나님의 율법을 잘 알고
심지어 하나님의 말씀을 가르치는 자리에 있었으나
정작 예수님이 누구신지 알지 못했습니다.

그러나 그는 예수님이 죽으신 후,
몰약과 침향을 가져와 예수님의 장례를 치렀습니다.
니고데모는 여기저기 다니며
자신이 예수님의 제자라고 말하지 않았지만
삶으로 '예수님을 따르는 사람'이 되어 있었습니다.
그에게 어떤 일이 일어났던 것일까요?

로드앤로드 미니스트리 성경공부 교재 [따라가다]와 함께하는 동안,
이스라엘의 선생에서 예수님의 제자가 된
니고데모의 삶을 살펴봅시다.
그의 삶을 추적해가며
우리가 선생이 아닌 제자가 되기를 소망합니다.

따라가다

로드앤로드 미니스트리 성경공부 ❷

F코드 Follow the Lord 편 _ 워크북

첫 번째 음
예수님을 따라가다

"그런데 바리새인 중에
니고데모라 하는 사람이 있으니
유대인의 지도자라
그가 밤에 예수께 와서"

요한복음 3:1-2

♪ 첫 번째 음 예수님을 따라가다

본과의 목적: 새로운 존재로 태어나기
(Key word - 거듭남, Reborn)

1-1 '라이프 토크' 타임: 내 인생의 한 사람 (15분)

- 지금까지 살아오면서, 나에게 가장 많은 영향을 준 사람이 있다면 그 사람을 소개하고, 나에게 어떤 영향을 주었는지 서로 나누어 봅시다.

1-2 '예수님을 따라가다' 말씀 나눔

들어가며 (15분)

"목회자의 목회자"라고 불리던 한 분이 있습니다. 〈메시지 성경〉의 저자로도 잘 알려진 유진 피터슨(Eugene H. Peterson) 목사님이 바로 그분입니다.
2018년 10월 22일, 85세의 일기로 하나님의 부르심을 받으셨는데, 그분이 마지막 순간에 함께한 이들에게 짧은 메시지를 남겨주셨다고 합니다. 바로 "Let's Go!"라는 말이었습니다. 죽음을 코앞에 남겨 둔 유진 피터슨 목사님은 어떤 의미로 이 말을 남겼을까요? 아마도 유진 피터슨 목사님은, 모두가 두려워하고 모든 것이 끝났다고 생각하는 죽음의 순간이 새롭게 시작하는 순간임을 말하고 싶었던 것은 아닐까요? 오늘 우리가 만나게 될 말씀에도 그동안의 삶에 마침표를 찍고, 새로운 삶으로 나아가려는 기로에 선 한 사람이 있습니다. 함께 그를 만나러 떠나 봅시다!

말씀 속으로 (45분)

여기 한 사람이 있습니다. 그의 이름은 니고데모입니다. 니고데모는 존경받을 만한 사회적 지위를 가지고 있었고, 높은 학문적 성취로 인정을 받고 있던 유능한 사람이었습니다. 때문에 그는 언제나 사람들을 가르치는 자리에 있었습니다. 그러던 어느 날, 니고데모에게도 만나고 싶은 선생님이 생겼습니다. 주변 사람들은 그 선생님에 대해서 좋은 평가를 하기도 하고, 비난을 하기도 합니다. 이런 상황에서 니고데모는 사람들의 눈을 피해 그분을 만나 보기로 결정합니다. 한밤중, 어디론가 향해 가는 니고데모를 따라가 봅시다.

*요한복음 3:1-11절의 말씀을 함께 읽고 아래의 질문에 답해 보세요.

1) 오늘 말씀에서 등장하는 니고데모는 어떤 사람인가요? 그리고 그는 누구를 찾아왔나요? (1-2절)

니고데모 :

누구 :

니고데모는 예수님 당시 많은 영향력을 가지고 있었던 바리새인이고, 이스라엘의 선생이었으며 산해드린 공회원이었습니다. '니고데모'의 이름은 헬라어식 이름으로써 '백성의 정복자'라는 의미를 가지고 있습니다. 여러 가지를 종합해 볼 때, 그는 유대 사회에서 종교적으로나 사회적으로 많은 영향력을 가지던 유대 공동체 리더십 그룹에 속한 인물이었습니다. 그런 니고데모가 어느 날 한밤중에 예수님을 찾아옵니다.

2) 니고데모는 예수님을 어떤 분으로 인식하고 있나요? (2절)

니고데모는 예수님을 "랍비", 곧 "선생"이라고 칭합니다. 이것은 마치 유명 대학교의 총장이 시골 변두리 작은 학원 선생님에게 찾아와 "선생님"이라고 하는 것과 비슷한 상황입니다. 왜 니고데모는 갈릴리 나사렛 출신의 목수, 예수님에게 선생님이라 말한 것일까요? 그 이유는 니고데모가 예수님의 가르침과 행동을 보고, 예수님이 하나님이 보내신 분임을 깨달았기 때문입니다.

3) 예수님께서 니고데모에게 처음 꺼내신 말씀은 무엇인가요? (3절)

예수님은 한밤중에 찾아온 니고데모에게 "잘 왔습니다" 또는 "이렇게 만나서 반갑습니다", "무엇이 궁금해서 여기까지 오셨나요?"라고 말하지 않았습니다. 마치 예수님은 그의 본질을 꿰뚫어 보시듯 심오한 말씀을 건네십니다. 그것은 거듭남과 하나님 나라에 대한 이야기였습니다. '다시 태어나지 않으면 하나님의 나라를 볼 수 없다'라는 예수님 말씀은 율법으로 구원받을 수 있다고 믿었던 니고데모에게 혼란과 충격을 주었을 것입니다.

4) 예수님의 첫 말씀은 니고데모와 예수님의 대화의 물꼬를 트게 됩니다. 니고데모와 예수님의 대화를 아래의 빈 칸에 정리해 봅시다. 말풍선에는 성경의 내용을 나의 언어로 바꾸어 적어 봅시다.
(4-11절)

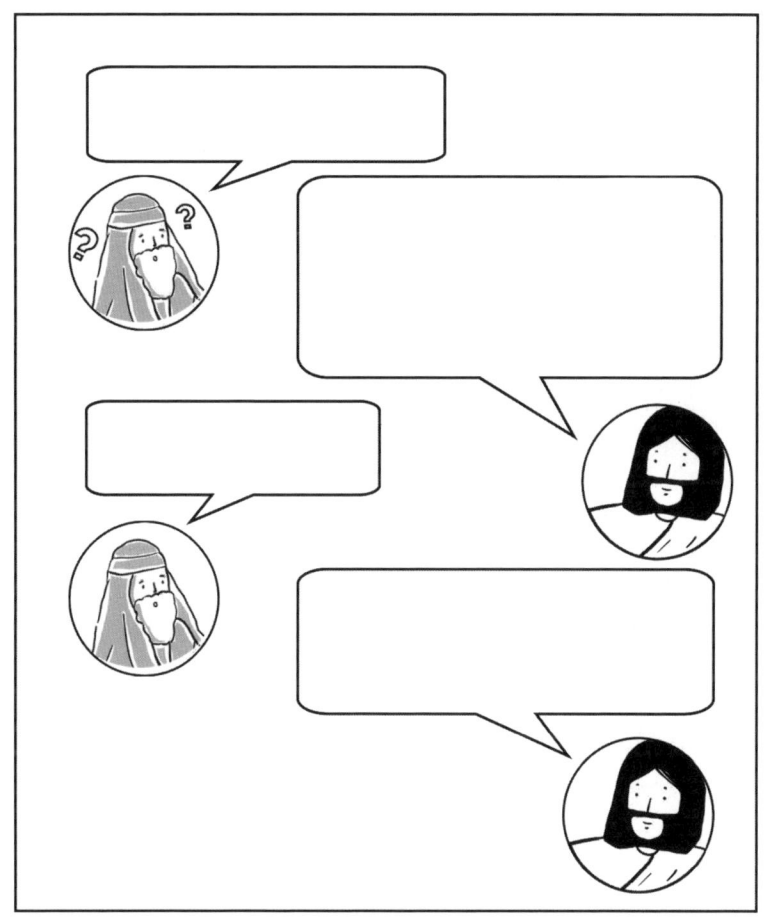

예수님은 니고데모에게 거듭남이 무엇인지 알려 주셨습니다. 거듭남은 '물과 성령으로 나는 것'인데, 이것은 사람이 예수 그리스도로 말미암아 구원받고 거룩한 성령이 내주하시는 새로운 존재가 되는 것입니다. 즉, 이 일은 인간의 노력으로는 불가능하고 하나님께서만 하실 수 있는 일이었습니다.

니고데모는 예수님의 말씀을 이해하기가 어려웠습니다. 왜냐하면 예수님께서 말씀하시는 거듭남의 주체는 '하나님'이지만, 그에게 구원의 주체는 여전히 율법을 행함으로 말미암아 구원받는 '자기 자신'이었기 때문입니다. "거듭남은 물과 성령으로 다시 태어나는 거라고요? 그게 어떻게 가능하지요?"(9절)라고 묻는 니고데모의 저변에는 구원은 여전히 자신에게 달린 일이라는 전제가 깔려 있음을 알 수 있습니다. 다시 말해 '그게 어떻게 가능합니까?'라는 그의 질문에는 '제가 어떻게 하면 되는 것입니까?'라는 의미도 담겨 있는 것입니다. 그러나! 예수님이 말씀하시는 거듭남은 완전히 새로운 존재로 태어나는 창조의 사건이고, '오직 하나님만이 하실 수 있는 일'이었습니다(막 10:27; 고후 5:17).

지금까지 스스로 율법을 지킴으로 구원을 얻을 수 있다고 믿었던 바리새인 니고데모, 율법을 지켜서 구원 얻으라고 가르쳤던 이스라엘의 선생 니고데모는 더 이상 아무런 말을 할 수 없었습니다. 예수님을 따라간 그날 밤, 그동안 그가 쌓아온 신념과 지식은 아무런 도움이 되지 않았습니다. 이제 그는 선택의 기로에서 결정해야 합니다. 지금까지 알고 가르쳐 온 구원의 방법을 붙들 것인가, 하나님이 베푸는 구원을 붙들 것인가? 이스라엘의 선생으로 살 것인가, 거듭남의 은혜를 갈망하는 사람으로 살 것인가?

5) 니고데모는 예수님께 더 이상 질문하지 않습니다. 이제는 질문이 아니라 결정을 해야 하기 때문입니다. 니고데모에게 있어 존경받는 선생의 자리를 내려놓고 전적으로 은혜를 간구하는 자리로 간다는 것은 어떠한 의미로 다가왔을 것 같은가요? 다양한 생각을 나눠 봅시다.

오늘의 은혜

 소그룹 기도제목

1-3 고백의 노래 (15분)

- 함께 이 찬양을 마음으로 고백하고, 기도로 마칩니다.

두 번째 음
참진리를 따라가다

"진리를 따르는 자는
빛으로 오나니
이는 그 행위가
하나님 안에서 행한 것임을
나타내려 함이라 하시니라"

요한복음 3:21

♪두 번째 음 참진리를 따라가다

본과의 목적: 참진리이신 예수님을 믿기
(Key word - 복음, 예수 그리스도)

2-1 '라이프 토크' 타임: '나는요' (15분)

- 이 세상에는 수많은 종교가 있습니다. 그러나 우리는 예수 그리스도를 믿습니다. 당신은 언제부터 예수님을 믿었나요? 어떻게 예수님을 믿게 되었나요? 서로 이야기를 나누어 봅시다.

2-2 '참진리를 따라가다' 말씀 나눔

들어가며(15분)

선다 싱(Sundar Singh, 1889-1929)이라는 사람이 있었습니다. 그는 인도의 부유한 집안에서 태어나 부족한 것 없이 자란 사람이었습니다. 그런데 16살이 되던 해에 예수님을 만나는 신비로운 체험을 하게 되고, 그때부터 그리스도인이 되어 평생을 살았습니다. 특별히 그에게는 별명이 있었는데, 바로 "맨발의 전도자"였습니다. 그는 예수님을 믿게 된 후, 그리스도의 고난에 참여하며 복음을 전하겠다 다짐하고 평생을 맨발로 다니며 복음을 전했다고 합니다. 자신이 가진 모든 것을 버리고 복음만 전했던 선다 싱, 그가 평생 동안 전한 복음은 무엇이었을까요? 그의 인생을 온전히 뒤바꾼 복음은 무엇이었을까요? 오늘의 말씀을 통해 알아봅시다.

말씀 속으로(45분)

지난 시간 우리는 이스라엘의 선생이라 불리던 니고데모가 한밤중에 예수님을 찾아간 이야기를 나누었습니다. 예수님은 니고데모에게 "거듭남"에 대해서 말씀하시며, 자신의 공로가 아닌 하나님이 베푸는 구원의 자리로 초대하십니다. 이 시간 하나님만이 하실 수 있는 거듭남의 비밀, 예수님께서 직접 들려주시는 복음의 메시지에 귀를 기울여 볼까요?

*요한복음 3:16-21절 말씀을 함께 읽고 다음 질문에 답해 보세요.

1) 예수님께서 말씀하시는 복음의 시작은 "하나님이 세상을 이처럼 사랑하사"라는 말로 시작됩니다. 하나님께서 사랑하시는 세상은 어떤 곳인가요? (17, 19-21절)

17절 :

19-20절 :

21절 :

예수님이 들려주시는 복음의 첫 시작은 "하나님이 세상을 이처럼 사랑하사"라는 말로 시작됩니다. 하나님께서 사랑하시는 세상은 어떤 곳일까요? 하나님의 은혜와 긍휼을 입기에 합당한 곳일까요? 오늘 말씀을 살펴보면, 불행히도 세상은 그런 곳으로 묘사되지 않습니다. 세상은 심판받게 될 곳이고, 구원받아야 하는 타락한 곳으로 묘사되기 때문입니다. 또한 세상에는 하나님의 구원을 간절히 바라며 사모하는 사람들만 있는 것이 아니라, 여전히 악을 행하고 구원을 거절하는 완악한 자들이 거하는 곳이기도 합니다. 굳이 하나님께서 먼저 사랑하시고 손을 내밀 이유가 전혀 없는 곳이 세상입니다. 그런데 예수님은 하나님께서 이런 세상마저도 '사랑하신다'라고 이야기합니다. 복음은 바로 하나님의 헤아릴 수 없는 사랑으로부터 시작되고 있음을 말씀해주시는 것입니다.

2) 하나님은 세상을 구원하기 위해서 어떤 일을 행하셨나요? (16-17절)

로마서 8장 32절을 보면 이런 말씀이 기록되어 있습니다. "자기 아들을 아끼지 아니하시고 우리 모든 사람을 위하여 내주신 이가 어찌 그 아들과 함께 모든 것을 우리에게 주시지 아니하겠느냐." 하나님께서는 자기 생명과도 같은 아들을 아끼지 않고, 우리 모든 사람을 위하여 내어주셨습니다. 그 아들을 내어주고 우리 모두를 구원하기 원하셨기 때문입니다.

만약 누군가가 서로 물물교환을 한다고 생각해 봅시다. 한 사람은 고가의 자동차를 가지고 있고, 다른 한 사람은 아메리카노 한 잔을 가지고 있습니다. 아메리카노 한 잔을 가진 사람이 자동차를 가진 사람에게 다가가, 내 것과 네 것을 바꾸자고 말한다면 그 교환이 이루어질까요? 아마 어림도 없을 것입니다. 웬 미친 사람인가 할 것입니다. 그런데 이보다 훨씬 더 말도 안 되는 교환이 있습니다. 하나님은 존귀한 예수님을 우리에게 내어주고, 우리 모든 더러운 죄와 추함을 가져가기 원하셨습니다. 하나님께서 이런 말도 안 되는 교환을 감행하신 이유는 무엇일까요? 바로 그분이 우리를 사랑하셨기 때문입니다. 종교개혁자 루터는 이것을 "즐거운 교환"이라고 말하기도 했습니다.

3) 하나님께서 베푸는 구원을 받는 방법은 무엇인가요? (18절)

하나님께서 세상을 구원하기 위해 선택하신 방법은 매우 단순합니다. 바로 하나님의 독생자의 이름을 믿는 것입니다. 하나님께서 보내신 아들, 예수 그리스도를 믿는 것입니다. "다른 이로써는 구원을 받을 수 없나니 천하 사람 중에 구원을 받을 만한 다른 이름을 우리에게 주신 일이 없음이라 하였더라"(행 4:12). 오직 예수 그리스도만이 우리에게 구원을 주시는 분임을 믿을 때 놀라운 구원이 임합니다.

그분이 나의 구원자임을 믿는 것은 많은 학식을 필요로 하는 것이 아닙니다. 그분이 나의 유일한 구원임을 믿는 것은 엄청난 훈련과 수행을 필요로 하는 것도 아닙니다. 오직 하나님의 사랑을 신뢰할 때 믿을 수 있습니다. 로마서 5장 8절을 보면, "우리가 아직 죄인 되었을 때에 그리스도께서 우리를 위하여 죽으심으로 하나님께서 우리에 대한 자기의 사랑을 확증하셨느니라"라고 말씀합니다. 예수님을 믿는 것은, 타락한 세상과 죄인을 향한 하나님의 끝없는 사랑을 믿는 것입니다(롬 8:38-39). 나 같은 인간마저도 사랑한다고 말씀하시는 하나님의 그 사랑에 항복하는 것입니다.

4) 예수님께서 전해주신 복음의 이야기가 끝나고(3:16-18), 성경에는 니고데모가 어떤 반응을 보였는지 남기지 않고 있습니다. 예수님의 말씀만 남아 있습니다. 예수님께서 남기신 마지막 말씀은 무엇인가요? (21절)

예수님께서 니고데모에게 전해주신 거듭나게 하는 복음의 이야기가 끝났습니다. 그러나 니고데모는 어떤 말도, 어떤 행동도 하지 않았습니다. 다만 이 대화의 끝에는 예수님의 말씀만 의미심장하게 남아 있습니다. "진리를 따르는 자는 빛으로 오나니..." 예수님은 세상과 죄인을 향한 하나님의 사랑을 선포하시고, 그 결말을 열어 두십니다. 어쩌면 예수님은 '하나님께서 우리를 말할 수 없이 사랑하신다'라는 진리 앞에 항복하며 나오고자 하는 각 시대의 니고데모들에게 대답을 열어 두신 것인지도 모릅니다. 시대를 막론하고 진리를 따르는 이들은 반드시 예수 그리스도를 만나게 될 것이기 때문입니다. 우리가 처음에 살펴보았던 선다 싱도 그런 사람 중에 하나이지 않았을까요?

이제는 여러분이 예수님의 복음 이야기에 답할 차례가 되었습니다. 여러분은 이스라엘의 선생입니까? 아니면, 참진리 가운데 나와 그 진리를 따라가는 사람입니까?

5) 예수님의 복음 이야기를 들으면서 깨달은 점, 또는 마음에 가장 와 닿은 은혜를 나누어 봅시다. 이스라엘의 선생이 아니라 하나님의 사랑에 항복한 사람으로 사는 것이 복음이라면, 당신은 복음에 합당하게 살아가고 있는지 삶을 나누어 봅시다.

오늘의 은혜

 소그룹 기도제목

2-3 고백의 노래 (15분)

- 함께 이 찬양을 마음으로 고백하고, 기도로 마칩니다.

세 번째 음
새기준을 따라가다

"이는 내가 사람에게서
받은 것도 아니요
배운 것도 아니요
오직 예수 그리스도의 계시로
말미암은 것이라"

갈라디아서 1:12

♪ 세 번째 음 새기준을 따라가다

본과의 목적: 예수 그리스도라는 새로운 기준을 갖기
(Key word - 인격적인 만남, 복음의 본질)

3-1 '옆친소' 타임 (15분)

\- 내 오른쪽 옆에 있는 친구를 소그룹 안에서 소개하는 시간이에요. 잠시 생각하는 시간을 갖고, 한 사람씩 돌아가며 '옆친소' 타임을 가져볼까요?

3-2 '새기준을 따라가다' 말씀 나눔

들어가며(15분)

"나는 누구를 알고 있어"와 "나는 누구와 아는 사이야." 두 문장은 비슷해 보이지만 서로 다른 의미를 지니고 있습니다. 전자인 '알고 있다'의 의미는 어떤 사람에 대한 약력이나 정보를 알고 있는 것으로(Knowing about), 그 사람을 객관적으로 알고 있는 상태를 말합니다. 그러므로 상대방은 정작 나를 알지 못 할 수도 있습니다. 하지만 후자의 '아는 사이'는 약력이나 정보를 넘어 상대방과 직접 만나 교제함으로 얻어진 경험적인 지식을 가진 관계를 말합니다(Knowing). 이런 관계에서는 서로의 감정과 생각을 나눌 수 있고, 나아가 가치관이나 비전도 공유합니다. 이것을 우리는 "인격적인 관계"라고 부릅니다. 존재와 존재가 만나 서로의 삶을 이야기하고 마음을 나누는 친밀한 관계는 실로 우리 삶을 풍성하게 합니다. 마찬가지로 예수님과의 관계에서도 예수님에 대한 정보만 알고 지내는 사람도 있고, 예수님과 친밀한 사이로 지내는 사람도 있습니다. 지금 이 자리에 있는 여러분은 어느 쪽에 속하나요?

말씀 속으로 (45분)

초막절, 예수님은 예루살렘 성전에 서서 "누구든지 목마르거든 내게로 와서 마시라"라고 말씀하셨습니다. 예수님의 가르침을 들은 사람들은 그 가르침의 의미를 상고하기보다 예수님이 선지자인지, 그리스도인지 논쟁하기 시작했습니다. 그들은 예수님이 누구인지 궁금했습니다. 그러나 바리새인들은 예수님을 궁금해하기는커녕, 예수님을 믿는 사람들을 저주하기까지 했습니다. 성전에 모인 군중이나 유대교 지도자들 모두 예수님을 제대로 알고 있는 사람은 아무도 없어 보입니다. 그런데 이런 상황 속에서 예수님에 대해 용기 내어 말을 꺼내는 한 사람이 있습니다. 그 사람을 만나러 함께 말씀 속으로 들어가 볼까요?

*요한복음 7:37-52절 말씀을 함께 읽고 아래의 질문에 답해 보세요.

1) 명절 끝날, 초막절 마지막 날에 예수님은 어떤 말씀을 하시나요?
(37, 38절)

37절 :

38절 :

초막절은 이스라엘 공동체가 출애굽 후의 광야 생활을 기억하며 하나님의 신실하심에 감사하는 기간입니다.
　당시 이스라엘에게 광야는 철저하게 하나님만을 신뢰해야 하는 곳이었습니다. 그곳에서 생명과 직결된 물과 음식을 공급하실 분은 하나님뿐이었기 때문입니다. 하나님은 광야학교를 통하여 이스라엘에게 일회적인 물과 음식에 집착하는 삶이 아닌, 생수의 근원이시며 생명의 양식이신 하나님 한 분을 믿는 삶을 가르치셨습니다. 그런데 이러한 날에 예수님께서 사람들을 향해서 외치십니다. "누구든지 내게로 와서 마셔라!" 예수님의 외침은 예수님께서 곧 하나님과 동등한 분인 것을 선포하신 것이었습니다. 그리고 생명이 예수님께 있음을 알려주신 것입니다.

2) 예수님의 말씀을 들은 사람들과 바리새인의 반응은 어떠했나요?
(40-41, 46-49절)

40절 :

41절 :

46절 :

47절 :

48절 :

49절 :

예수님의 말씀을 들은 사람들의 반응은 다양하게 나타납니다. 무리 중 일부는 예수님을 선지자로, 누구는 그리스도로 평가합니다. 어떤 이들은 예수님의 권위 있는 말씀에 놀랐고, 바리새인은 예수님에게 미혹된 자들이 있는지 추궁하며 그들을 저주하기에 이릅니다. 예수님의 말씀은 이스라엘 공동체의 다양한 사람에게 엄청난 혼란을 일으켰습니다.

3) 유대교 지도자들은 예수님을 믿는 자들을 저주하면서 그들을 어떻게 평가하나요? (49절)

유대교 지도자들이 예수님에 대하여 적대적인 이유, 그리고 예수님을 믿는 사람들을 저주하는 이유는 하나입니다. 바로 그들이 생명처럼 여기는 하나님의 법, 곧 율법과 예수님의 가르침이 상충된다고 여겼기 때문입니다. 그렇다면 율법은 무엇일까요? 복음서에서 율법은 "모세오경"이라고도 불리는 토라를 의미합니다. 유대교 지도자들은 이 율법을 보존하고 가르치는 것이 그들의 사명이라 여겼습니다. 그렇기 때문에 그들이 보기에 율법을 훼손하는 사람이 있다면 응당 처벌을 받아야 한다고 생각했을 것입니다. 그런데 정말 예수님은 율법을 훼손하기 위해 온 분이었을까요? 함께 마태복음 5장 17절의 말씀을 읽어봅시다. "내가 율법이나 선지자를 폐하러 온 줄로 생각하지 말라 폐하러 온 것이 아니요 완전하게 하려 함이라."

> * 오늘 우리에게 던지는 이야기
>
> 유대교 지도자들은 하나님을 향한 신앙심에 근거하여 율법을 귀하게 여겼습니다. 그러나 정작 하나님과 동등하신 하나님의 아들, 예수 그리스도는 알아보지 못했습니다. 그들은 예수님이 율법을 훼손한다고 생각했습니다. 이 모습은 신앙의 본질을 지키려다, 비본질적인 것에 몰두하게 된 종교인의 모습을 보여 줍니다. 오늘 우리 모습 중에 본질을 잃고 비본질적인 것에 집중하는 모습은 없는지 생각해 봅시다.

4) 이때 율법의 수호자로 자처한 유대교 지도자들 사이에서 바리새인 한 사람이 용기를 내어 말을 꺼냅니다. 그는 누구인가요? 그리고 그는 무엇이라고 말하나요? (50-51절)

누구(50절) :

한 말(51절) :

니고데모는 요한복음 3장에서 예수님을 만난 후, 한동안 등장하지 않다가 7장에서 다시 나타납니다. 그는 그동안 공식적으로 예수님의 제자가 되어 활동하지 않았습니다. 니고데모는 아직 바리새인 공동체에 속해 있습니다. 그러나 오늘 말씀을 보면, 니고데모는 담대하게 바리새인 공동체의 생각과 관습, 가치관에서 벗어나는 비판적인 질문을 던집니다. 니고데모의 내면에서 기존에 고수하던 기준이 아닌 예수 그리스도라는 새로운 기준을 가지고 생각하기 시작했음을 알 수 있습니다.

이것은 니고데모가 예수님과 만난 이후 즉각적으로 확실한 제자가 되지는 않았지만, 자신이 지켜 오던 율법의 알을 깨는 "영적 꿈틀거림"을 시작했음을 말해 줍니다. 예수님과의 인격적인 만남은 니고데모를 점차 바꾸고 있었습니다. 예수님과의 인격적인 만남은 니고데모로 하여금 그동안 옳다고 여겼던 관습과 가치관에 대해서 다시 생각하게 만들었습니다. 결국 니고데모는 예수 그리스도라는 새로운 기준을 따라가게 될까요?

5) 오늘 말씀을 통해 깨달은 점을 나누어 봅시다. 특별히 리더쉽으로서 서 있는 여러분에게 바리새인처럼 굳어진 기준이 있다면 나눠 봅시다. 예수님과 친밀하게 관계 맺으며 신앙의 본질을 회복해야 할 영역은 없는지 이야기해 봅시다.

오늘의 은혜

 소그룹 기도제목

3-3 고백의 노래 (15분)

- 함께 이 찬양을 마음으로 고백하고, 기도로 마칩니다.

네 번째 음
제자되어 따라가다

"이에 예수께서 제자들에게 이르시되
누구든지 나를 따라오려거든
자기를 부인하고
자기 십자가를 지고
나를 따를 것이니라"

마태복음 16:24

♪ 네 번째 음 제자되어 따라가다

본과의 목적: 예수님의 제자로 살기
(Key word - 제자)

4-1 '라이프 토크' 타임 : '제자의 조건'

- 여러분이 생각하는 제자의 조건에 대해서 나누어 봅시다. 예수님의 제자에게 요청되는 가장 중요한 것은 무엇일까요?

4-2 '제자되어 따라가다' 말씀 나눔

들어가며 (15분)

주후 2세기 서머나교회 감독으로 알려진 폴리캅의 순교 이야기는 지금도 많은 그리스도인에게 전해지고 있습니다. 폴리캅은 황제 숭배의 회유와 협박 속에서, 하나님을 향한 순결한 마음을 잃지 않았던 분입니다. "86년의 삶 동안 하나님은 한 번도 날 부인하신 적이 없는데, 제가 어찌 그분을 부인하겠습니까?" 폴리캅은 이 말을 남기고 화형장의 불 가운데 사라졌습니다. 그가 결코 부인할 수 없었던 하나님의 사랑, 죽음마저도 이기게 한 하나님의 사랑은 폴리캅뿐 아니라 2천년 교회의 역사 속에서 수많은 그리스도인을 존재하게 한 힘이었습니다.

말씀 속으로 (45분)

탕!탕!탕! 예수님의 손과 발이 십자가에 못 박혔습니다. 예수님의 존귀한 보혈이 저주받은 자의 나무 위에 흘렀습니다. 예수님이 죄인들을 대신하여 죽으셨습니다. 그러나 사람들은 예수님을 비참하게 생을 마감한 젊은이라고 생각했습니다. 혹자는 정치 혁명을 일으키려다 실패한 사람으로 생각했을지도 모릅니다. 이제 예수라는 사람이 일으킨 신드롬은 다 끝난 것처럼 보입니다. 그런데 예수님이 죽은 후에야 비로소 예수의 제자가 되기를 선언한 사람이 있습니다. 그 사람은 누구일까요?

*요한복음 19:38-42절 말씀을 함께 읽고 아래의 질문에 답해 보세요.

1) 유대교 지도자들의 참소로 예수님은 십자가에 달려 죽었습니다. 예수님의 장례를 치른 사람은 누구입니까? 그리고 성경은 그를 어떤 사람으로 묘사하고 있습니까? (38절)

누구 :

어떤 사람인가? :

2) 예수님의 장례에 함께한 또 한 사람이 있습니다. 그 사람은 누구이며, 성경은 그에 대해 어떻게 말하고 있나요? (39절)

누구 :

어떤 사람인가? :

예수님의 십자가 처형 이후, 예수님을 곁에서 따르던 열두 제자는 모두 도망쳤습니다. 그러나 그때 보이지 않는 곳에서 예수님을 따랐던 두 명의 제자가 등장합니다. 그들의 이름은 아리마대 요셉과 니고데모입니다. 성경은 아리마대 요셉을 일컬어 이전에 '유대인이 두려워 예수님의 제자임을 숨겼던 자'라고 말하고, 니고데모를 일컬어 '일찍이 예수께 밤에 찾아왔던 자'라고 말합니다. 아마도 아리마대 요셉과 달리 니고데모는 제자 공동체 안에서 예수님의 제자로 분명히 인정된 사람은 아니었던 것으로 보입니다.

그런 니고데모가 예수님의 장례에 참석합니다. 그리고 예수님을 위해 자신의 전 재산일 수도 있는 엄청난 액수의 장례물품을 드립니다. 당시 제자들도, 지금의 우리도 도대체 그가 언제부터 예수님의 제자가 되었는지 명확히 알 수는 없습니다. 그러나 분명한 것은 그가 예수님의 죽음 이후에 예수님의 제자가 되어 나타났다는 것입니다. 니고데모에게 단순히 동정심이 발동하여 예수님의 장례에 참석했다고 보기는 어렵습니다. 왜냐하면 니고데모가 감수한 위험과 지불한 비용은 그의 삶 전부와 맞바꾼 것이기 때문입니다.

3) 잠시 상상해 봅시다. 니고데모가 예수님의 장례에 참석하고, 그의 전 재산을 예수님의 장례를 위해 사용했다는 것을 바리새인이 알게 되었다면 뭐라고 말했을 것 같은가요? 소그룹 안에서 한 명이 니고데모가 되어 말해보고, 나머지는 바리새인이 되어 이야기를 나누어 봅시다.

4) 예수님의 제자로 살기 위해 니고데모가 포기한 것은 무엇일까요? 여러분의 생각을 이야기해 보세요.

니고데모가 예수님의 제자로 살기 위해 포기한 것은 세 가지 정도로 생각해 볼 수 있습니다. 첫째로, 그는 소속되고 싶은 욕구를 버렸습니다. 그는 평생 몸담았던 바리새인 공동체에서 출교될 것을 각오했습니다(요 9:22; 12:42; 16:2). 예수님에 대해 옹호하는 말 한마디를 했다고 쏘아붙임을 당했는데(요 7:52), 하물며 예수님의 장례에 적극적으로 임했으니 그를 앞으로 바리새인의 일원으로 여겨줄 리 만무합니다. 둘째로, 그는 안전의 욕구를 버렸습니다. 죄가 없으신 예수님도 끌어다가 십자가에 못 박아 죽인 유대교 지도자들이 니고데모 한 사람 처리하지 못할 리 없을 것입니다. 베드로는 예수님과 함께 다니던 사람이라는 이야기를 듣고 세 번이나 예수님을 부인했고, 다른 제자들도 두려워 문을 잠그고 집에 숨어 있었습니다(요 20:19). 그런데 니고데모가 예수님의 장례를 치름으로써 예수님의 제자임을 공공연하게 밝혔습니다. 이는 그가 자신의 신변이 위협받을 것도 각오했음을 보여 줍니다.

마지막으로 니고데모는 자신의 신념을 버렸습니다. 그는 율법으로 구원받을 수 있다고 굳게 믿었던 바리새인 중 하나였습니다. 그는 "이스라엘의 선생"이라 불리던 사람이었습니다. 그러나 이제 니고데모는 선생의 자리를 내려놓고 예수님의 제자가 되기를 선택했습니다. 율법으로 구원을 받는다는 자신의 신념을 버리고 "하나님께서 세상을 이처럼 사랑하사 독생자를 주셨으니 이는 그를 믿는 자마다 영생을 얻게 하려 하심이라"라는 복음의 메시지 가운데 나온 것입니다.

그렇다면 니고데모가 이런 것을 포기하고 예수님의 제자가 되어 따르기로 결단한 이유는 무엇일까요? 실로 그가 포기하는 것보다 얻게 되는 것이 더 크고 귀한 것임을 깨달았기 때문일 것입니다. 사도 바울은 말합니다. "생각하건대 현재의 고난은 장차 우리에게 나타날 영광과 비교할 수 없도다"(롬 8:18), "우리가 잠시 받는 환난의 경한 것이 지극히 크고 영원한 영광의 중한 것을 우리에게 이루게 함이니 우리가 주목하는 것은 보이는 것이 아니요 보이지 않는 것이니 보이는 것은 잠깐이요 보이지 않는 것은 영원함이라"(고후 4:17-18), "그러나 무엇이든지 내게 유익하던 것을 내가 그리스도를 위하여 다 해로 여길뿐더러 또한 모든 것을 해로 여김은 내 주 그리스도 예수를 아는 지식이 가장 고상하기 때문이라 내가 그를 위하여 모든 것을 잃어버리고 배설물로 여김은 그리스도를 얻고 그 안에서 발견되려 함이니..."(빌 3:7-9). 사도 바울의 이 고백은 2천년 교회 역사 속에서 예수의 제자로 살기로 결단했던 모든 이의 고백이 되어 이어졌습니다. 이제 여러분에게 묻습니다. 여러분은 오늘 예수님의 제자 되어 따르기 위해 무엇을 내려놓았습니까?

5) 오늘 우리 삶을 돌아봅시다. 지금 우리 모습은 이스라엘의 선생입니까, 예수님의 제자입니까? 예수님의 제자로 살기 위해 내가 내려놓아야 할 것은 무엇입니까? 솔직하게 자신이 붙들고 있는 것을 나누고, 그것을 내려놓을 수 있도록 성령님의 도우심을 구하며 기도합시다.

오늘의 은혜

 소그룹 기도제목

4-3 고백의 노래 (15분)

- 함께 이 찬양을 마음으로 고백하고, 기도로 마칩니다.

다섯 번째 음
성령님을 따라가다

"... 아버지께서 나를 보내신 것 같이
나도 너희를 보내노라
이 말씀을 하시고 그들을 향하사
숨을 내쉬며 이르시되
성령을 받으라"

요한복음 20:21-22

♪다섯 번째 음 성령님을 따라가다

본과의 목적: 성령님과 동행하기

(Key word - 동행)

5-1 '라이프 토크' 타임: '내 삶의 변화' (15분)

- 오늘은 '따라가다'의 마지막 날입니다. 그동안 이 과정을 통하여 배운 것, 나의 삶에 달라진 것들을 그림으로 그려 보세요. 자유롭게 여러분의 생각과 마음을 표현해 볼까요?

5-2 '성령님을 따라가다' 말씀 나눔

들어가며 (15분)

아프리카 남부 칼라하리 사막에는 스프링벅(Springbok)이라는 산양이 살고 있습니다. 스프링벅은 푸른 초원의 풀을 뜯어 먹으며 사는데, 가끔 떼죽음을 당하는 일이 있다고 합니다. 맹수의 공격이나 자연 재해 때문이 아니라, 무리가 서로 경쟁을 하다가 벌어지는 일입니다. 한 마리가 제일 앞서 나가기 시작하면, 뒤따르던 스프링벅들이 경쟁적으로 앞으로 뛰어가다가 무리 전체가 앞을 보지 못하고 낭떠러지에 떨어져 버리고 마는 것입니다. 그래서 사람들은 경쟁에 몰두하다가 결국 자신뿐 아니라 모두가 생명을 잃어버리게 되는 현상을 '스프링벅 현상'(Springbok Phenomenon)이라고 이름 붙였습니다. 오늘 우리가 속하여 살아가는 시대도 무한경쟁을 말하고 더 빨리, 더 많이, 더 높이 가라고 말합니다. 그러나 이러한 흐름 속에서 예수님의 제자로 살아가는 우리는 달라야 하지 않을까요? 제자인 우리에게 바른 방향과 길을 제시해 주시는 분이 여기에 있습니다. 그분은 누구일까요?

말씀 속으로 (45분)

그동안 우리는 니고데모와 함께 거듭남이 무엇인지, 또 거듭나게 하는 복음을 따르는 삶이 무엇인지, 우리 삶에서 예수님이라는 새로운 기준을 세워가는 것이 무엇인지, 두려움을 넘어 당당하게 예수님의 제자로 사는 것이 무엇인지 배워 왔습니다. 이제 마지막으로 이 모든 가르침에 능력을 더하시고, 우리로 세상 끝 날까지 오직 예수 그리스도만 따르게 하실 분을 만나보려고 합니다. 함께 말씀 속으로 들어가 볼까요?

*요한복음 20:19-23절의 말씀을 함께 읽고 아래의 질문에 답해 보세요.

1) 십자가에서 죽으셨던 예수님이 부활하셨습니다! 그러나 예수님의 부활을 알지 못하는 제자들은 두려워 떨며 집안에 숨어 있었습니다. 부활의 예수님은 제자들에게 찾아가 무엇이라 말씀하셨나요? (19절)

예수님이 십자가에서 죽으신 후, 자신이 예수님의 제자임을 당당히 밝힌 아리마대 요셉이나 니고데모와 같은 제자들이 있었습니다. 그러나 대부분의 제자들은 예수님을 부인하고 도망쳐 숨었습니다. 이들은 앞으로 어떻게 살아야 할지, 무엇을 위해 살아야 할지 알 수 없었습니다. 마치 목자를 잃어버린 불안한 양 떼와 같았습니다. 그런데 예수님께서 무너진 제자들을 일으키기 위해 찾아오셨습니다. "너희에게 평강이 있을지어다." 예수님의 따스한 음성이 제자들 귓가에 울려 퍼집니다.

2) 예수님은 인사를 하시고, 제자들에게 어떤 행동을 하셨나요? 이 행동을 하신 이유는 무엇일까요? (20절)

예수님의 행동 :

행동의 이유 :

3) 예수님은 기뻐하는 제자들에게 다시 한 번 평안의 인사를 하십니다. 그리고 어떤 말씀을 하셨나요? (21절)

부활하신 예수님을 만난 제자들에게 기쁨과 감격이 흘러넘쳤습니다. 무겁고 침울했던 공간은 순식간에 바뀌었습니다. 예수님의 임재가 모든 슬픔과 어두움을 걷어 내었습니다. 예수님께서는 기뻐하는 제자들에게 다시 한 번 평안하라고 말씀하신 뒤, 이어서 그들에게 새로운 부르심을 말씀하십니다. "아버지께서 나를 보내신 것처럼, 나도 너희를 보내노라." 예수님은 그들로 하여금 기뻐하는 데 그치지 않고, 예수님의 제자로서 살아갈 것을 말씀하십니다. 그런데 제자들의 입장을 생각해 보면 이 말씀은 두렵고 떨리는 일이었을지도 모릅니다. 예수님이 부활하신 것은 너무 기쁘지만, 이들 내면에 자리 잡은 실패감은 아직 생생하게 남아 있기 때문입니다. '나는 예수님을 버리고 도망쳤었어. 내가 제자로 살 수 있을까? 내가 잘할 수 있을까...?' 예수님도 자신 없어 하는 제자들의 마음을 읽으셨을 것입니다. 예수님은 그들을 향해 다시 말씀하십니다.

4) 이어서 예수님께서 제자들을 향해 하신 행동과 말씀은 무엇인가요? (22절)

예수님의 행동 :

예수님의 말씀 :

예수님께서는 실패했던 제자들을 버리지 않으십니다. 그리고 그들을 다시 제자로서의 삶, 사명의 자리로 초대하십니다. 그러나 제자들은 두려웠을 것입니다. 제자들은 자신의 연약함과 한계를 너무 잘 알았기 때문입니다. 그리고 그것을 제자들보다 잘 아는 분이 계십니다. 바로 예수님이십니다. 그래서 예수님은 제자들에게 말씀하십니다. "후~ 성령을 받으라!"

여러분, 예수님은 누구보다 잘 알고 계십니다. 우리가 성령님 없이 제자의 길을 완주할 수 없다는 사실을 말입니다. 우리가 성령님 없이 우리 한계를 극복할 수 없다는 사실을 말입니다. 우리가 성령님 없이 예수님을 온전히 따라 살아갈 수 없다는 사실을 말입니다. 그래서 성령을 주셨습니다. 고아같이 우리를 버려두지 아니하시고, 우리에게 생명의 영이신 성령님을 보내 주셨습니다. 2천 년 전 제자들에게 성령을 부어 주신 예수님은 오늘도 우리에게 성령님을 보내 주십니다. 우리를 성령님과 동행하며 제자로 살아가라고, 복음 전파의 사명을 감당하라고 부르십니다. 성령님과 함께 하는 우리는 가장 약하나 결코 약하지 않고, 번번이 실패하나 결국엔 지지 않습니다(고후 4:7-10). 성령님과 동행하는 사명의 길은 오직 승리뿐입니다! 여러분, 우리는 '예수님의' 제자입니다!

5) 예수님은 결코 우리가 혼자 사명의 길을 걸어가게 하지 않으십니다. 성령님과 동행하게 하십니다. 그리고 우리에게 예수님께서 확보하신 최후 승리를 허락하십니다. 사랑하는 제자 여러분, 우리 함께 그 승리를 향하여 나아갑시다!

오늘의 은혜

 소그룹 기도제목

5-3 고백의 노래 (15분)

- 함께 이 찬양을 마음으로 고백하고, 기도로 마칩니다.

부록 1

리더(목자) 서약서

나 _____ 는(은) _____ 교회 공동체의 리더로서,

하나님과 공동체 앞에서 아래의 약속을 지키기로 서약합니다.

하나, 예수님께서 모든 일에 앞서 기도하셨듯이,
매일 아침을 말씀과 기도로 시작하겠습니다.

둘, 하나님과의 깊은 만남이 있는 예배자가 되어,
매일의 삶 속에서 하나님의 말씀에 순종하겠습니다.

셋, 담당 목회자와 리더의 권위를 인정하고,
결정된 사항이 나의 뜻과 다를지라도 순종하며 협력하겠습니다.

넷. 개인적으로 힘들고 어려운 일이 생겨도
도망치거나 회피하지 않고 공동체에 도움을 요청하겠습니다.

다섯. 소모임에서 나눈 내용은 누구에게도 발설하지 않고,
묵묵히 사랑의 마음으로 기도하겠습니다.

여섯, 리더 공동체의 신뢰를 지키기 위하여
약속 시간에 늦지 않고 연락 없이 빠지지 않겠습니다.

20   년   월   일

이름: (서명)

부록 2
4W 소그룹 인도법

4W 소그룹 인도법은 인도자를 돕는 4가지 키워드를 중심으로 소그룹 운영팁을 제공하는 것입니다. 기존에 소개되어 온 4W 인도법을 참고하여, 로드앤로드 미니스트리만의 인도법으로 수정하였습니다. 모쪼록 신입리더 분들에게 도움이 되기를 기도합니다!

Ⅰ. Welcome (환영)
1. 처음 시작할 때에는 서로 환영하고 안부를 묻도록 합니다.
2. 간단한 다과를 준비하여 함께 나눠 먹어도 좋습니다.
3. 환영 시간은 15분을 넘지 않도록 합니다.

Ⅱ. Worship (찬양)
1. 소그룹 모임 때 함께 찬양을 부르는 것은 경건한 분위기를 형성하는 데 도움을 줍니다.
2. 함께 찬양할 곡을 미리 정하여 악보를 준비해 가도록 합니다.
3. 찬양 중에 모임을 의탁하는 기도를 하고, 성령님께서 모두의 마음을 만지시길 기도합니다.

Ⅲ. Word (말씀)
1. 성경공부를 시작할 때에는 본문 말씀을 찾아 꼭 읽도록 합니다.
2. 인도자는 리더모임에서 배운 내용을 잘 정리해 두고, 중심 흐름을 놓치지 않도록 합니다.
3. 성경공부 중에 이뤄지는 나눔이 말씀에서 벗어날 경우, 인도자는 화제를 전환하여 다시 말씀에 관한 내용으로 돌아오도록 합니다.

Ⅳ. With (교제)
1. 성경공부를 마친 후에는 삶에서 실천할 수 있는 결단을 나누도록 합니다.
2. 서로의 기도제목을 나누고, 함께 기도합니다.
3. 생일 또는 축하할 일이 있다면 함께 축복하는 시간을 갖도록 합니다.

하나님께서 언제나 당신과 함께하시길 기도합니다!
하나님이 기뻐하시고, 사람을 살리는 소그룹을 경험하기를 축복합니다!

☩ Small-Group Leader Check List

[소그룹/   마을   목장]   (년   월   주차)

점검 사항		1	2	3	4	5
준비단계	말씀 나눔(G.B.S./Q.T.)을 충분히 이해하였는가?					
	성령께서 나를 만지시도록 기도로 준비하였는가?					
	소그룹의 지체들을 위해 중보하였는가?					
	공동체의 리더십들을 위해 중보하였는가?					
	하나님을 기대하는 마음으로 모임을 준비하였는가?					
참여단계	적극적으로 질문과 대답들에 참여했는가?					
	정직하게 자신을 오픈하였는가?					
	지체들의 나눔에 공감하며 경청을 하였는가?					
	모임 중 성령의 인도하심을 계속 기도하였는가?					
	모임 중에 기도가 필요한 지체를 발견하였는가?					
적용단계	삶과 인격 변화를 위한 자신의 적용들은 구체적인가?					
	배운 내용이 삶의 상황에 분명히 적용이 되었는가?					
	소그룹 모임에 대한 만족감이 있었는가?					
	나눔과 모임을 통해 배운 내용들을 잘 소화했는가?					
	삶과 인격의 변화를 위해 기도의 자리를 지키고 있는가?					
	전체 점수 (75점~50점 이상 유지)					
돌아보기	- 나에게 필요한 부분들은 무엇인가? - 나 자신을 위해 기도해야 할 내용들은 무엇인가? - 타인을 위해 중보해야 할 내용들은 무엇인가? - 공동체를 위해 중보해야 할 내용들은 무엇인가? - 한 주의 결단을 한 문장으로 기록해보자!					

따라가다 메모리

따라가다를 통해 만났던 이들의 이름과 함께 했던 때를 적어보세요. :-)

언제	누구와

✨ 들어가는 말

우리는 경기불황과 실업 문제가
만성질환처럼 굳어진 시대를 살아가고 있습니다.
88만원 세대, 삼포 세대... 칠포 세대를 넘어
이제는 오늘을 잘 살면 족하다고 여기는 시대입니다.
오늘, 지금, 내가, 행복한가?
이것이 삶의 기준이 되어 버렸습니다.

그러나 성경은 미래에 대해 말합니다.
하나님이 보여 주시는 비전에 대해서 말합니다.
하나님의 나라를 바라보라고 말합니다.
현실에 매몰되지 말고,
눈을 들어 하나님을 바라보라고 말합니다.
오늘만 사는 사람이 아니라
내일을 위해 오늘을 사는 사람이 되어야 한다고 말합니다.

[바라보다]와 함께하는 동안,
그 성경의 메시지들이 선명하게 깨달아지기를 바랍니다.
그리하여 답답한 현실을 깨치고 날아오르는
꿈꾸는 성도들이 많아지기를 소망합니다.

바 라 보 다

로드앤로드 미니스트리 성경공부 ③

G코드 God's vision 편 _ 워크북

첫 번째 음
다니엘과 바라보다

"지혜 있는 자는 궁창의 빛과 같이 빛날 것이요
많은 사람을 옳은 데로 돌아오게 한 자는
별과 같이 영원토록 빛나리라"

다니엘 12:3

♪ 첫 번째 음 다니엘과 바라보다

본과의 목적: 세상의 가치가 아니라 하나님의 가치를 바라보기
(Key word - 가치, 결단)

1-1 '라이프 토크' 타임: '잊힌 약속' (15분)

하나님과 약속했던 일들을 생각해 보고, 잘 실천하고 있는지 나누어 봅시다. 실천이 잘 되고 있지 않다면 무엇이 문제인지도 나눠 봅시다.

1-2 '다니엘과 바라보다' 말씀 나눔

들어가며 (15분)

공진규의 『연애, 결혼, 출산, 인간관계, 주택구입, 희망, 꿈 포기한 7포세대의 자본주의 정글에서 살아남기』(2015, 유페이퍼)라는 책이 있습니다. 물질 만능주의가 팽배한 한국 사회에서 많은 것을 포기하며 살아가는 청년들의 삶을 하나의 현상으로 다루고 있는 책입니다. 그렇다면 이러한 사회에서 살아가는 청년들에게 중요한 가치는 무엇일까요? 책에서 그것은 다름 아닌 "돈"이라고 말합니다. 돈이 행복을 결정하는 중요한 척도가 되어버린 것입니다.

그러나 하나님께서는 하나님의 자녀들이 이러한 흐름에 떠밀려 가기 원하지 않으십니다. 세상 모든 사람이 "Yes!"라고 말해도, 하나님의 자녀이기 때문에 "No!"라고 말할 수 있는 사람을 찾고 계십니다. 세상의 흐름보다 하나님의 말씀을 소중히 여기는 사람을 찾으십니다. 그리고 그 한 사람을 통해서 하나님의 비전을 이루어 가십니다.

말씀 속으로 (45분)
오늘 우리가 함께 만나 볼 사람은 세상의 소리보다 하나님의 말씀을 경외한 사람입니다. 다수가 따르는 길이 아니라 스스로 좁은 길을 택한 사람입니다. 그리하여 하나님께서 주신 비전의 길로 담대하게 걸어간 사람입니다. 이 사람은 누구일까요? 함께 말씀 속으로 들어가 봅시다.

* 다니엘 1:8-21절의 말씀을 함께 읽고 아래의 질문에 답해보세요.
(참고 구절 - 단 2:47; 4:37; 6:26; 12:3)

1) 오늘 말씀은 한 사람이 '뜻을 정했다'라는 구절로 시작됩니다. 뜻을 정한 사람은 누구인가요? 그리고 그가 정한 뜻은 무엇인가요? (8절)

누구 :

정한 뜻 :

오늘 말씀에서 뜻을 정한 사람은 바로 다니엘입니다. 다니엘은 바벨론에 끌려간 남유다 출신의 포로였습니다. 그러나 그는 바벨론 왕국과 왕을 위하여 선별되었고, 왕궁에서 최고의 교육과 대접을 받을 수 있는 특혜를 받았습니다. 남들이 볼 때에 다니엘은 안정적이고 성공적인 삶에 좀 더 가까이 가게 된 사람입니다. 주변에서 하라는 대로 하기만 하면 큰 문제를 겪지 않고 살 수 있습니다. 그런데 다니엘은 뜻을 정합니다. 곧 왕이 베풀어 주는 음식과 포도주로 자신을 더럽히지 않겠다는 결심입니다. 이것은 다니엘에게 주어진 모든 특혜와 기회를 잃어버릴 수도 있는 위험한 선택이었습니다.

2) 다니엘은 왜 이런 결심을 한 것일까요?

다니엘은 왕이 내려 주는 음식과 포도주가 자신을 '더럽히는 것'이라 생각했습니다. 즉 왕이 주는 것을 먹으면 자신이 죄를 짓게 된다고 판단한 것입니다. 하나님의 법이 기록된 레위기에는 먹어서는 안 되는 음식들이 열거되어 있습니다. 아마도 다니엘이 받은 음식에는 하나님께서 먹지 말라고 명령하신 음식이 포함되어 있었을 것입니다. 그래서 다니엘은 왕의 음식과 포도주를 거절하고 하나님의 법을 지키고자 했습니다.

그렇다면 다니엘이 하나님의 법을 지키기 위해 버린 것은 무엇입니까? 바로 바벨론의 법입니다. 사실 바벨론 왕이 내려 준 음식은 먹어도 되고 먹지 않아도 되는 선택의 문제가 아닌 명령이었습니다. 그리고 이것을 거절하면 '죽음'을 각오해야 합니다. 다니엘은 하나님의 명령을 지킬 것인가, 바벨론 왕의 명령을 지킬 것인가 기로에 서 있었습니다. 결국 다니엘은 하나님의 명령을 따릅니다. 이것은 다니엘이 누구를 더 두려워했는가, 누구를 더욱 경외했는가를 보여 줍니다. 다니엘은 바벨론 왕보다 하나님의 말씀을 더욱 소중히 여겼습니다. 하나님을 굳게 믿고 신뢰했습니다. 하나님께서는 그런 다니엘의 결단을 보시고 일하기 시작하십니다.

3) 다니엘을 향한 하나님의 역사하심을 찾아봅시다. (1:9절, 14-15절, 17절, 20-21절)

9절 :

14-15절 :

17절 :

20-21절 :

뜻을 정한 것은 다니엘이었습니다. 그러나 다니엘이 책임지고 담보할 수 있는 것은 아무것도 없었습니다. 사실 다니엘은 하나님의 법을 지키려다가 죽을 수도 있었습니다. 그러나 하나님께서 다니엘의 삶 가운데 개입하셨습니다. 하나님께서는 다니엘 주변 사람의 마음을 움직이시고, 다니엘에게 육체적 건강을 허락하셨으며, 다니엘과 세 친구들에게 다른 이들과 비교할 수 없는 뛰어난 지혜와 총명과 학문을 더하셨습니다. 모든 책임을 하나님께서 짊어져 주셨습니다. 하나님께서 그렇게 역사하신 이유는 무엇일까요? 그 이유는 하나님께서 다니엘의 결심을 귀하게 여겨주셨기 때문입니다. 하나님의 백성이라는 정체성을 가지고 하나님의 법을 지키고자 한 다니엘의 마음을 받아주셨기 때문입니다.

하나님께서는 다니엘처럼 우리 선택의 방향성이 하나님을 향해 있다면, 모든 상황에 개입하셔서 역사하시는 분입니다. 또 연약하고 부족한 우리를 선택하시고 다듬으셔서 하나님의 비전을 이루어 가십니다.

4) 다니엘을 통해 드러난 하나님의 비전은 무엇인가요?
(참고 구절 - 단 2:47; 4:37; 6:26)

하나님께서는 하나님의 백성이요 자녀라는 정체성을 가지고 하나님의 법을 지키기로 결심한 다니엘을 귀하게 보셨습니다. 그리고 다니엘의 삶 가운데 세밀하게 개입하시며 다니엘을 돌봐주셨습니다. 이뿐만이 아닙니다. 다니엘을 통하여 하나님의 비전을 나타내 보이셨습니다.

사랑하는 여러분, 하나님의 비전이 무엇입니까? 우리가 어떤 직업을 갖거나 어떤 위치에 오르는 것입니까? 결코 그런 것은 하나님의 비전이 될 수 없습니다. 하나님의 비전은 우리 개인의 목표달성과는 전혀 상관이 없습니다. 하나님의 비전은 하나님을 몰랐던 사람들이 하나님의 살아계심을 인정하고 하나님의 나라와 하나님의 이름을 찬양하게 되는 것입니다. 그런데 하나님을 알지 못했던 사람들이 스스로 하나님을 알게 되어 이런 고백을 하는 것이 아닙니다. 하나님께 속한 사람들의 모습을 통해, 그리고 그들의 삶을 통해 하나님이 누구신지 깨닫게 되는 것입니다. 세상 풍조와 흐름을 거스르며 하나님을 향한 신앙을 가지고 나아가는 사람, 다니엘처럼 하나님을 바라보며 담대하게 나아가는 그 한 사람을 통해 하나님을 찬양하게 되는 것입니다. 하나님께서는 오늘도 이러한 사람을 향하여 말씀하십니다. "지혜 있는 자는 궁창의 빛과 같이 빛날 것이요 많은 사람을 옳은 데로 돌아오게 한 자는 별과 같이 영원토록 빛나리라"(단 12:3).

5) 우리는 비전을 '나의 것'으로 생각할 때가 많습니다. 내가 목표한 것을 성취하고 바라던 것을 얻는 것으로 오해합니다. 그러나 비전은 '하나님의 것'입니다. 하나님의 뜻이 이 땅 가운데 이루어지는 것입니다. 오늘 말씀을 통해 깨닫게 된 것을 나누고, 다니엘처럼 내가 뜻을 정해야 할 삶의 영역은 무엇인지 이야기해 봅시다.

다니엘에게 하나님의 비전이란?
다니엘에게 하나님의 비전은 하나님을 알지 못하는 사람들이 하나님의 살아계심을 고백하고 하나님을 찬양하게 되는 것.
그것은 하나님의 사람이 세상의 가치관을 거스르고 하나님의 말씀(법)대로 살아가고자 하는 작은 몸부림에서 시작됨.

나에게 하나님의 비전이란?
(여러분의 생각을 요약하여 적어 보세요.)

📖 오늘의 은혜

 소그룹 기도제목

1-3 고백의 노래 (15분)

- 함께 이 찬양을 마음으로 고백하고, 기도로 마칩니다.

두 번째 음
여호수아와 바라보다

"… 눈의 아들 젊은 수종자
여호수아는 회막을 떠나지 아니하니라"

출애굽기 33:11

♪ 두 번째 음 여호수아와 바라보다

본과의 목적: 매일의 삶 속에서 하나님만 바라보기

(Key word - 매일, 순종)

2-1 '드로잉(Drawing) 토크' 타임 (15분)

- 내가 가장 좋아하는 것을 그림으로 그려 봅시다. 그리고 다 그린 그림의 '일부'를 보여 주고, 그것이 무엇인지 다른 지체들이 맞춰 봅시다. 그림을 보고 답이 확인되면, 그것을 좋아하는 이유를 지체들과 나눠 봅시다.

2-2 '여호수아와 바라보다' 말씀 나눔

들어가며 (15분)

C.S. 루이스(Clive Staples Lewis, 1898-1963)는 영국의 소설가이자 기독교 변증가입니다. 그는 많은 명서를 남겼으나 그의 책 중에서 가장 역작이라고 손꼽히는 것은 『나니아 연대기』(The Chronicles of Narnia)라는 소설입니다. 이 소설은 루이스가 세계대전으로 상처받은 사람들, 특히 아이들에게 위로와 소망을 주기 위해서 집필한 것입니다. 나니아 연대기는 총 7권의 책으로 이루어진 시리즈였는데, 첫 번째 책인 "사자, 마녀, 그리고 옷장"은 나치독일 공군의 공습으로 피난을 온 어린이들을 돌보던 1939년에 쓰기 시작했습니다. 그러나 극심한 전쟁 속에서 그는 집필을 포기했고, 10여 년의 시간이 흐릅니다. 1948년 그는 다시 펜을 잡고 책을 써 내려갑니다. 그리고 1950년 드디어 첫 번째 책이 출판되었습니다. 두 번째 책은 1951년, 세 번째는 1952년... 마지막 일곱 번째 책은 1956년 비로소 완성했습니다. 1939년부터 1956년까지, 17년이라는 긴 시간 동안 그는 소설을 완간했습니다. 이 일은 결코 단번에 이루어진 일이 아니었습니다. 그에게는 매우 고된 여정이었을 것입니다. 그러나 완성된 이 책들은 전 세계에 1억 2천 만부(2010년 기준)가 판매되었으며, 41개 언어로 번역되어 많은 사람에게 새로운 소망을 심어 주었습니다. 뿐만 아니라 그의 절친한 친구였던 J. R. 톨킨도 루이스의 작품에 도전을 받아 『반지의 제왕』이라는 작품을 남깁니다.

여러분, 루이스가 처음부터 이러한 결과를 예상하고 소설을 쓰기 시작한 것일까요? 아니요, 그는 그저 하나님께서 주신 작은 마음을 실천에 옮겼을 뿐이었습니다. 그러나 하나님께서 루이스의 생각을 뛰어넘는 일들을 펼쳐 가신 것입니다.

말씀 속으로 (45분)

하나님의 비전은, 하나님께서 주신 마음을 지나치지 않고 작은 걸음을 떼는 사람을 통하여 이루어집니다. 그가 바라보는 것은 일부이지만 하나님께서는 더 큰 그림을 준비하십니다. 오늘 우리가 함께 만나 볼 사람도, 하나님의 큰 그림을 알지 못했습니다. 그러나 매 순간 하나님께서 맡기신 일들에 최선을 다하며 한 걸음씩 나아갔습니다. 그는 누구일까요?

* 아래의 질문을 읽고 성경구절을 찾아 답해 보세요.

1) 하나님께서는 애굽의 노예로 살고 있던 이스라엘을 구원하기 위해 모세를 부르시고, 그들을 이끌어 내셨습니다. 지금 그들은 하나님이 말씀하신 약속의 땅을 향해 가고 있습니다. 그런데 갑자기 아말렉 족속이 이스라엘을 공격합니다. 극렬한 전쟁이 시작된 이때, 선봉에 서서 전쟁에 임한 사람은 누구인가요? (출 17:13)

출애굽한 이스라엘은 400년이 넘는 시간 동안 노예로 살아왔습니다. 그래서 그들은 전쟁을 경험한 적이 없었습니다. 하나님께서 그들을 인도하실 때, 가나안 땅으로 빨리 갈 수 있는 바닷길을 피하시고 광야 길로 인도하신 이유도 전쟁을 피하기 위함이었습니다(출 13:17). 그런데 갑자기 아말렉이 이스라엘을 공격합니다. 예상하지 못한 전쟁 위협 속에서, 다크호스처럼 등장하는 한 인물이 있습니다. 바로 여호수아입니다. 여호수아는 모세의 부름을 받아 전장의 최전선으로 나가며 아주 인상적인 첫 등장을 합니다.

사실 그 이전에 여호수아는 이스라엘 공동체 가운데 공식적으로 등장한 적이 없었습니다. 아말렉과의 전쟁은 여호수아가 부름받은 첫 번째 사역이었습니다. 출애굽기 17장 12-13절에서는 여호수아가 해가 질 때까지 칼날로 아말렉을 쳐서 물리쳤다는 사실을 재차 언급하면서, 그가 그 부름에 얼마나 최선을 다했는지 보여 줍니다.

2) 전쟁은 이스라엘의 승리로 끝났습니다. 하나님께서는 모세를 불러 무엇을 명령하셨나요? (출 17:14)

하나님께서는 모세에게 승리의 기록을 남기라 명령하셨습니다. 모세는 이러한 명령을 따라 제단을 쌓고 '여호와 닛시'라 이름하며, "여호와께서 맹세하시기를 여호와가 아말렉과 더불어 대대로 싸우리라 하셨다"라고 선포했습니다(출 17:15-16). 이것은 이스라엘 공동체가 이 전쟁을 잊지 않도록 만든 하나님의 조치였습니다. 그런데 이 조치에 특별한 명령이 더해져 있습니다. 그것은 여호수아의 귀에 이 사건을 외워 들리게 하라는 명령입니다. 여기에서 "외워 들리라"라는 말은 쉽게 말해 '귀에 못이 박힐 만큼 이야기하라'는 의미입니다(옥스퍼드 원어성경사전 출애굽기편, 283쪽 참고). 왜 하나님께서는 많은 사람 중 여호수아를 콕 집어 이런 명령을 하신 것일까요?

3) 신명기 34장 9절과 여호수아 1장 1-2절 말씀을 찾아 읽어 보세요. 하나님께서는 여호수아를 어떤 자리로 부르셨나요?

여호수아는 아말렉과의 전투를 기점으로 등장하고, 아말렉과의 전투 이후 하나님의 특별한 지목을 받습니다. 하나님께서는 모세를 통하여 여호수아가 하나님께서 하신 일을 외울 정도로 계속 듣게 하십니다. 그 이유는 여호수아를 모세의 후계자로 삼으셨기 때문입니다. 여호수아는 모세의 뒤를 이어 이스라엘 공동체를 이끌어야 하기에, 이스라엘 가운데 일하시는 하나님의 주권을 철저하게 가르치고자 하신 것입니다. 출애굽기 17장 14절에 나온 하나님의 명령은 지도자 여호수아를 훈련하시는 하나님의 방법이었습니다.

그런데, 여호수아는 처음부터 이 모든 것을 알고 있었을까요? 아마도 그는 자신을 향한 하나님의 계획 전부를 알지 못했을 것입니다. 그는 그저 전쟁에 참여하라는 명령에 순종했고, 그 전쟁의 자리에서 최선을 다했을 뿐입니다. 여호수아는 하나님의 큰 그림은 알지 못했지만, 하나님께서 보여 주시는 걸음만큼 성실히 따라갔습니다.

4) 어느덧 이스라엘 공동체는 하나님께서 약속하신 가나안 땅 가까이에 도착했습니다. 하나님께서는 이스라엘 지파의 대표들을 뽑아 그 땅을 살펴보도록 하십니다. 여호수아도 그 대표단에 뽑혀 40일의 정탐여행을 떠나게 됩니다. 민수기 13장 31-33절, 14장 8-9절을 읽고 정탐여행에서 돌아온 대표단의 반응과 여호수아의 반응을 살펴보세요.
대표단의 반응 :

여호수아의 반응(갈렙 포함) :

열두 명의 정탐꾼은 40일간 정탐을 마치고 복귀했습니다. 그중 열 명의 정탐꾼들은 가나안 땅이 실로 좋은 땅이긴 하지만(민 13:27), 그 땅에 살고 있는 사람, 특별히 아낙 자손이 신장이 장대한 자들이라고 말합니다. 열 명의 정탐꾼은 우리가 그들과 싸워서 이기는 일은 불가능하다고 보고합니다. 이스라엘 사람들은 이 사람들의 보고를 듣고 통곡하며 하나님을 원망합니다. "우리를 애굽이나 광야에서 죽게 하지... 여길 왜 데리고 오신 겁니까!"(민 14:1-2) 열 명의 부정적인 보고는 모든 이스라엘 사람을 절망으로 이끌었습니다.

그러나 여호수아와 갈렙은 열 명의 정탐꾼이 보지 못한 것을 보고합니다. 먼저 그들은 하나님의 약속에 대해 말합니다. "하나님께서 원하신다면 그 땅으로 우리를 인도하시고 우리에게 그 땅을 주실 것입니다"(민 14:8 참고). 여호수아(갈렙)는 이스라엘을 구원하시고 여기까지 이끈 하나님의 계획을 기억나게 했습니다. 이어서 눈앞에 보이는 것에 휘둘리지 말라고 말합니다. "그 땅의 백성들을 두려워하지 마십시오. 그들은 우리의 먹이일 뿐입니다. 하나님께서 우리와 함께하시니 그들을 두려워할 필요가 없습니다"(민 14:9 참고). 여호수아(갈렙)는 눈앞의 장애물이 아니라 신실하신 하나님을 바라봐야 한다고 선포했습니다. 이 이야기는 눈에 보이는 것만 바라보며 불평과 원망의 늪에서 허우적거리는 이스라엘이 "하나님께로 시선을 옮겨야 한다"라는 여호수아의 가슴 타는 외침이었습니다.

우리가 처음 만났던 여호수아의 모습을 떠올려 보십시오. 그때의 여호수아는 그저 전쟁에 능한 용사였습니다. 그러나 지금 우리가 보고 있는 여호수아의 모습은 어떤가요? 어느덧 영적인 지도자의 면모를 갖추고 있습니다. 그렇다면 여호수아가 이런 모습으로 성장하게 된 비결은 무엇일까요? 그 비밀은 우리가 앞서 살펴본 출애굽기 17장 14절에 숨겨져 있습니다. 여호수아가 이스라엘 공동체를 이끌어 가기에 부족함 없는 지도자로 자란 것은 다름 아니라 매 순간 하나님께서 전쟁의 주권자요 승리의 근원이심을 귀에 못이 박히도록 들었기 때문입니다. 여호수아는 하나님의 역사, 하나님의 말씀을 매일 듣고 마음에 새겼습니다. 대단하고 깜짝 놀랄 만한 일이 아니라 매일 삶에서 하나님의 살아계심을 경험했기 때문입니다. 여호수아는 자신을 향한 하나님의 비전 전부를 알지는 못했지만, 말씀하신 바를 성실히 순종하며 따라왔을 뿐이었습니다.

5) 40년이 지나고 여호수아는 모세의 뒤를 이어 이스라엘의 지도자가 되었습니다. 지도자가 된 이후에도 여호수아를 향한 하나님의 명령은 변함이 없습니다. 함께 여호수아 1장 8절의 말씀을 읽어 봅시다.

하나님께서는 여호수아가 지도자가 된 이후에도 말씀하십니다. 하나님의 말씀을 떠나지 말고, 그 말씀 안에서만 살라는 명령입니다. 이것은 '너의 매일을 나에게 달라!'(devotion)라는 요청입니다. 하나님께서는 여호수아가 매일 자신을 하나님께 드리기 원했습니다. 매 순간을 하나님의 뜻대로 살기 원하셨습니다. 그 이유는 오직 하나입니다. 여호수아를 통하여 하나님의 비전이 이루어지기를 원하셨기 때문입니다.

하나님의 비전은 단순히 여호수아가 이스라엘의 지도자가 되어 가나안 땅을 정복하는 것이 아니었습니다. 그랬다면 여호수아는 가나안 정복을 마친 후, 성경에서 사라져야 했습니다. 여호수아는 가나안 땅을 차지한 후에도 여전히 이야기합니다. "그러므로 이제는 여호와를 경외하며 온전함과 진실함으로 그를 섬기라 너희의 조상들이 강 저쪽과 애굽에서 섬기던 신들을 치워 버리고 '여호와만' 섬기라"(수 24:14). 하나님의 비전은 여호수아가 매일, 매 순간 하나님만 바라보며 살아가는 것이었습니다. 그리고 이런 여호수아의 모습을 통해 이스라엘 공동체가 하나님 한 분만 바라보게 되는 것이었습니다. 하나님께서는 여호수아의 전 생애를 통해 이 일을 이루어가셨습니다.

6) 오늘 우리에게도 진로 결정을 위한 거대하고 치밀한 계획이 필요한 것이 아닙니다. 먼저는 우리에게 매일 들려지는 하나님의 음성에 귀를 기울이고, 그 말씀을 따라가는 작은 순종이 필요합니다. 그렇게 하루하루 하나님만 바라보고 살아가면, 우리는 미처 상상하지도 못했던 하나님의 비전이 우리를 통하여 이루어지게 되는 것을 목도할 것입니다. 지금 당신 마음에 들리는 하나님의 음성은 무엇인가요?

여호수아에게 하나님의 비전이란?
여호수아에게 하나님의 비전은 하나님의 모든 계획을 다 알 수 없을지라도, 매일 하나님만 바라보며 하나님의 말씀에 순종하는 것. 여호수아가 순종하며 살아온 매일이 쌓여 여호수아의 삶이 되고, 여호수아의 삶 전부가 하나님의 비전이 드러나는 통로가 되었음.

나에게 하나님의 비전이란?
  (여러분의 생각을 요약하여 적어 보세요.)

오늘의 은혜

 소그룹 기도제목

2-3 고백의 노래 (15분)

- 함께 이 찬양을 마음으로 고백하고, 기도로 마칩니다.

세 번째 음
다윗과 바라보다

"내가 사망의 음침한 골짜기로 다닐지라도
해를 두려워하지 않을 것은
주께서 나와 함께 하심이라
주의 지팡이와 막대기가 나를 안위하시나이다"

시편 23:4

♪ 세 번째 음 다윗과 바라보다

본과의 목적: 동역자를 통해 도우시는 하나님을 바라보기
(Key word - 동역자, 도움)

3-1 '라이프 토크' 타임 (15분)

- 살아오면서 누군가로부터 이유 없이 미움을 받았던 적이 있나요? 또는 관계적인 어려움을 겪은 적이 있나요? 그때 당시 느꼈던 감정에 대해 이야기해 봅시다.

예: 화가 났다, 슬펐다, 억울했다, 그냥 무시했다 등등

3-2 '다윗과 바라보다' 말씀 나눔

들어가며(15분)

미국 최초의 동양인 상원의원이었던 한국계 미국인 폴 신이라는 분이 있습니다. 그분은 한국전쟁 당시 고아로 살다가 미군부대 '하우스 보이'(청소나 여러 일을 돕는 소년)로 살게 되었습니다. 하루는 사는 것이 너무 힘들고 괴로워 홀로 울고 있었다고 합니다. 그때 우는 모습을 본 한 명의 미군이 다가와 소년이었던 폴 신을 꼭 안아주었다고 합니다. 그리고 그를 양

자로 삼아 미국으로 데리고 갔고, 한글도 모르던 그가 공부할 수 있도록 지원을 아끼지 않았습니다. 뿐만 아니라 그에게 하나님의 사랑을 전해 주었습니다. 그때부터 그는 더 이상 자신의 억울했던 과거를 붙들지 않고, 하나님이 주시는 새로운 비전을 향해 나아갈 수 있었습니다.

폴 신에게 양아버지와의 만남은 하나님의 섭리와 비전을 발견하게 된 계기였습니다. 이처럼 하나님께서는 누군가와의 만남을 통해 우리를 비전의 길로 이끌어 가십니다.

말씀 속으로(45분)

오늘 우리가 함께 살펴볼 말씀 속에도 '소중한 만남'이 기록되어 있습니다. 바로 다윗과 요나단의 만남입니다. 이 시간 다윗에게 찾아온 요나단과의 만남 속으로 함께 들어가 볼까요? 그리고 이 만남이 비전을 향해 나아가는 다윗에게 어떤 영향을 미치는지 함께 살펴봅시다.

* 사무엘상 23:15-18절 말씀을 함께 읽고 다음 질문에 답해 보세요.
(참고구절: 23:1-14, 24:1-15)

1) 다윗은 지금 어디에 있나요? 그리고 왜 거기에 있는 걸까요? (15절)

장소 :

이유 :

다윗은 추격하는 사울왕을 피해 십 광야 수풀로 몸을 숨깁니다. 십 광야는 황무지, 곧 사람이 살 수 없는 곳이었고 그중에서도 수풀은 나무가 가득한 깊은 숲을 말합니다. 사울왕을 피해 도망치는 다윗의 모습은 그가 깊은 두려움을 갖고 있었음을 보여 줍니다. 다윗의 두려움은 사울왕이 자신을 이유 없이 미워하고 죽이려고 하는 반복되는 상황에서 초래된 것이기도 하지만, 오늘 말씀에서 다윗의 '현재 상황'이 그를 더욱 두렵게 했을 것이라 예측해볼 수 있습니다.

사실 다윗은 사울의 추격을 당하기 전에, 그일라 성에 있었습니다. 다윗은 그일라 성에 블레셋 군이 쳐들어와 그들을 공격한다는 소식을 들었고, 그들을 구원하라는 하나님의 음성을 듣고 그곳에 가서 그일라 백성을 지켰습니다(삼상 23:5). 그런데, 그일라 주민 중 한 사람이 사울에게 찾아가 다윗이 그일라에 있다고 알립니다. 그 성을 도와준 다윗에게 감사의 마음을 전하기는커녕 다윗을 죽이려고 한 것이나 진배없는 행동입니다. 다윗은 선을 행하다가 도리어 위기에 처했습니다.

2) 낙심하여 숨어있는 다윗에게 누가 찾아왔나요? 그리고 그는 다윗에게 어떤 일을 했나요? (16절)

사울왕의 추격, 사람들의 배신… 다윗은 두렵고 지친 마음으로 숨어 있었습니다. 자신을 왕으로 삼으신다는 하나님의 약속은 희미해져만 갑니다. 다윗의 영적 상태는 그가 깊은 숲속에 숨어있는 것처럼, 내면의 바닥에 머물러 있었습니다. '일어날 수 있을까? 다시 소망을 갖고 하나님이 주신 비전을 바라볼 수 있을까?' 그때 다윗의 친구 요나단이 찾아옵니다. 요나단은 수천, 수백의 군사도 찾지 못하는 다윗을 찾아옵니다(삼상 23:14). 위치 추적기가 있는 것도 아니고 전화나 이메일을 주고받을 수 있는 상황도 아닌데, 어떻게 찾아왔을까요? 이것은 하나님께서 그 둘이 만날 수 있도록 은혜를 내려주셨다는 것으로만 설명될 수 있습니다. 하나님의 섭리 가운데 찾아온 요나단은 다윗이 다시 하나님을 힘 있게 의지하도록 위로하고 격려했습니다.

3) 요나단은 다윗에게 어떤 말로 다시 하나님을 의지하게 했나요? 17절 말씀을 함께 읽어 봅시다.

사무엘상 23장 17절에는 요나단이 다윗에게 한 말을 구체적으로 기록하고 있습니다. 요나단은 낙심한 다윗에게 다시 하나님의 비전을 상기시켜 줍니다. "너는 반드시 왕이 된다!"라는 이 선언은 단순히 친구로서 건네는 인간적인 위로가 아니었습니다. 요나단은 하나님께 보냄받은 자로써 다윗에게 주셨던 하나님의 비전을 다시 일깨워 주었습니다. 아무도 보증해주지 않는 것만 같은 비전, 완성되지 않을 것 같은 비전, 그냥 포기해버리고 싶은 비전 앞에 선 다윗을 일으키시는 하나님의 음성이 요나단을 통하여 선포된 것입니다.

4) 하나님께서는 다윗에게 직접 이야기하지 않으시고, 요나단을 통해서 말씀하셨습니다. 하나님께서는 비전을 이루어 가는 과정에서 왜 사람, 더 정확히 말하면 동역자를 통하여 일하시는 것일까요?

하나님께서는 다윗에게 직접 말씀하실 수 있었습니다. 사무엘상 23장만 보아도 다윗은 하나님의 음성을 직접 듣고 있었습니다(삼상 23:4, 12절). 즉, 낙심한 다윗에게 하나님께서 직접 말씀하시고 위로하실 수 있었습니다. 그런데 굳이 왜 하나님께서는 요나단을 보내신 것일까요? 우리는 두 가지 정도로 생각해볼 수 있습니다.

먼저는 다윗에게 친구가 필요했기 때문입니다. 하나님의 위로가 사람의 위로보다 미약해서가 아니었습니다. 하나님의 위로는 무엇과도 비교할 수 없는 은혜이며, 지치고 낙심한 사람을 살리는 능력입니다. 그러나 지금 이 순간 다윗에게는 친구가 필요했습니다. 다윗은 충성을 다했던 왕에게, 또 생명을 살려 준 그일라 사람들에게 큰 상처를 받은 후였고, 사람 때문에 비전을 포기하고 싶을 만큼 고통스러운 상황이었습니다. 그래서 하나님은 또 다른 사람을 보내셨습니다. 좋은 친구를 통해 그를 위로하시고 용기를 불어넣어 주셨습니다.

둘째로 다윗의 비전과 직접 연관된 사람이 요나단이었기 때문입니다. 요나단은 사울왕의 뒤를 이어 왕이 될 사람이었습니다. 반면 다윗은 누구도 믿을 수 없고 갈 곳 없는 도망자 신세였습니다. 누가 보아도 다윗이 왕이 되기는 어려워 보였을 것입니다. 다윗이 왕이 될 것을 증언해 줄 사람은 오직 사무엘 선지자뿐인데, 사무엘 선지자도 이제 많이 늙었습니다. 도대체 누가 다윗에게 하나님의 비전을 선명하게 말해줄 수 있겠습니까? 사울왕의 뒤를 이어 왕이 될 것이라 모두가 확신하는 요나단뿐입니다. 하나님께서는 제 3자의 예측이 아니라 이 문제에 있어 당사자였던 요나단을 통해 다윗의 마음을 일으켜 세워주신 것입니다.

5) 다윗처럼 우리 역시 비전을 향해 가는 여정에서 어려움과 시련을 겪을 수 있습니다. 모든 것을 포기하고 싶은 순간이 찾아오고, 사람에게 실망할 때도 있을 것입니다. 그러나 하나님께서는 우리가 주저앉으면 일으키시고 다시 비전으로 나아가게 하실 것입니다. 또한 요나단과 같은 좋은 친구를 보내 주실 것입니다. 당신의 인생에서 요나단은 누구인가요?

다윗에게 비전을 주시고, 그 비전을 이루어 가도록 도운 하나님께서는 오늘 우리에게도 비전을 주시고 신실하게 도와주십니다. 우리 앞에 어떤 어려움과 문제가 있다 해도 하나님께서는 우리로 하여금 비전의 길을 끝까지 걷게 하실 것입니다. 때를 따라 돕는 은혜로, 동역자와 좋은 친구들을 보내셔서 우리를 일으키시고 붙들어 주실 것입니다. 다시, 비전을 바라보며 나아갈 준비가 되었나요?

다윗에게 하나님의 비전이란?
하나님의 비전은 이루어지지 않을 것 같은 두려움과 낙심 가운데 처할지라도, 하나님의 도우심으로 다시 일어나 걸어가게 되는 것. 하나님의 도우심은 믿음의 동역자들을 통하여 드러나며, 비전이 이루어지는 날까지 신실하게 이어지는 것.

나에게 하나님의 비전이란?
(여러분의 생각을 요약하여 적어 보세요.)

📖 오늘의 은혜

📖 소그룹 기도제목

3-3 고백의 노래 (15분)

- 함께 이 찬양을 마음으로 고백하고, 기도로 마칩니다.

네 번째 음

요셉과 바라보다

"하나님이 큰 구원으로
당신들의 생명을 보존하고
당신들의 후손을 세상에 두시려고
나를 당신들보다 먼저 보내셨나니"

창세기 45:7

♪ 네 번째 음 요셉과 바라보다

본과의 목적: 사람을 살리는 하나님의 비전을 바라보기

(Key word - 생명, 함께)

4-1 '만약에 토크' 타임 (15분)

- 여러분이 바라는 직업은 무엇인가요? 그 직업을 갖게 된 후에 가장 하고 싶은 일은 무엇인가요? 함께 이야기를 나누어 보세요.

희망 직업 :

직업을 통해 하고 싶은 일 :

4-2 '요셉과 바라보다' 말씀 나눔

들어가며(15분)

1897년 8월에 있었던 미국 북장로교회 선교부 연례회의 회의록에는 당시 기독교학교의 교육정책에 대한 기록이 남아 있습니다. 그것은 선교사 배위량이 입안한 것으로 다음과 같습니다.

"기독교학교 설립과 운영의 기본이념은 학생들에게 유용한 지식을 다양한 방법으로 가르쳐서 실제생활에 기여하고 더 나아가서 이들이 장차 책임 있는 일꾼으로 자라게 하는 것이다. … (중략) … 이 학생들이 장차 농부나 대장공이 되거나 의사나 교사가 되거나 혹은 정부의 관리가 되건 간에 복음을 전하는 능동적인 복음 전도자가 되어야 한다."[1]

이것은 한국교회 초기의 교육정책이 학생들로 하여금 특정 직업을 갖게 하는 데서 멈추지 않고 그들이 어떤 직업을 갖든지 간에 하나님 나라의 확장과 복음전파의 사명을 위해서 살게 한다는 분명한 비전을 갖고 있었음을 보여 줍니다. 다시 말해 농부, 대장공, 의사, 교사, 관리는 직업이요 목표는 될 수 있지만, 하나님께서 주신 비전이 될 수 없다는 것을 교회 지도자들은 분명히 알고 있었습니다. 그렇다면 지금 여러분은 어떻습니까? 여러분은 직업을 초월하는 하나님의 비전을 발견했습니까? 여러분의 비전은 무엇입니까?

말씀 속으로(45분)

오늘 우리가 함께 만나 볼 성경 인물은 요셉입니다. 요셉은 노예였다가(창 37:28) 애굽이라는 큰 나라의 총리가 된 사람입니다. 그는 나이 서른에 이미 남들이 부러워할만한 위치에 올라선 사람입니다. 이제는 좀 편하게 살고 누리면서 살고 싶다고 말해도 누구도 뭐라고 하지 않을 것입니다. 그런데 요셉의 생각은 다른 것 같습니다. 그에겐 여전히 해야 할 일이 있었습니다. 요셉이 도대체 무엇을 하려는지 함께 말씀 속으로 들어가 볼까요?

---

1) 숭실대학교90년사 편찬위원회, 『숭실대학교90년사』, 박상진 외, 『기독교학교, 역사에 길을 묻다』 (서울: 예영, 2013), 90쪽에서 재인용.

* 창세기 41:46-57절의 말씀을 함께 읽고 다음 질문에 답해 보세요.
(참고구절 - 창세기 41:28-36)

1) 총리가 된 요셉이 가장 먼저 한 일은 무엇인가요? (46절)

요셉에게 총리 자리는 끝이 아니라 시작이었습니다. 요셉은 총리가 되었으니 "이제는 편히 살아보자!"라고 말하지 않았습니다. 요셉은 총리가 되자마자 애굽 온 땅에 순찰을 나갔고(45-46절), 앞으로 올 7년의 풍년과 7년의 기근을 준비했습니다. 요셉은 자신에게 주어진 일에 최선을 다했습니다.

2) 순찰을 마치고 온 요셉은 기근을 대비하여 무엇을 했나요? (48절)

요셉은 기근이 오기 전, 풍년이 임한 7년 동안 꾸준히 곡식을 저장했습니다. 그런데 바로가 있는 왕궁에 그 곡물을 모두 모은 것이 아니라 각 성마다 저장소를 따로 두었습니다. 이것은 요셉이 위기의 때에 식량을 빌미 삼아 힘을 행사하려 하지 않고, 각 성읍 사람들이 신속하게 식량을 공급받을 수 있도록 한 것입니다. 요셉의 관심은 자신의 힘을 쌓는 것이 아니라, 사람들을 살리는 일에 있었습니다.

3) 풍년이 그치고 온 지면에 기근이 임했습니다. 요셉은 어떻게 했나요? 함께 56절의 말씀을 읽어 보세요.

찬란했던 7년의 풍년은 끝나고, 이전의 풍년은 기억도 나지 않을 만큼 끔찍한 기근이 임했습니다. 애굽 사람들은 굶주려 바로에게 울부짖었습니다(55절). 그래서 바로는 그동안 모아 둔 곡식을 나누어 주는 중대사를 요셉에게 맡깁니다. 요셉은 바로의 명을 받아, 각 성의 모든 창고 문을 열고 사람들에게 곡식을 판매합니다. 죽을 수밖에 없는 절체절명의 순간에 생명의 문이 열린 것입니다. 요셉 한 사람이 수많은 사람을 살리는 생명의 통로가 되었습니다. 이것은 사람의 지혜가 아니요, 하나님의 큰 그림 안에 계획된 일이었습니다(행 7:9-10). 하나님께서는 "이때를 위해" 요셉을 총리로 삼으신 것입니다!

4) 하나님께서는 요셉이 개인적인 부귀영화를 누리게 하려고 총리가 되게 하신 것이 아니었습니다. 하나님은 요셉을 통해 많은 사람을 살리고자 하셨습니다. 요셉도 이것을 알고 있었습니다. 요셉이 고백하는 하나님께서 주신 비전은 무엇입니까? (창 45:5, 7; 50:20)

내가 열망하는 자리에 올랐을 때, 또는 다른 사람들이 부러워할 만한 위치에 올랐을 때 사람들은 교만해집니다. 더 이상 하나님을 찾지 않습니다. 하나님께서 왜 나를 이 자리로 부르셨는지 고민하지 않습니다. 그러나 요셉은 달랐습니다. 하나님께서 그를 애굽의 총리로 삼으셨을 때, 요셉은 교만해지거나 나태해지지 않았습니다. 왜냐하면 그에게 하나님이 주신 비전은 총리 자리에 오르는 것이 아니라, 하나님의 구원 사역에 쓰임받는 것이었기 때문입니다. 많은 사람을 구원하고자 하시는 하나님의 놀라운 계획 속에서 하나님의 통로가 되는 것이었기 때문입니다. 요셉은 그것을 결코 잊지 않았습니다. 그리고 하루하루를 하나님께서 보여 주신 그 비전을 위해 살아갔습니다. 요셉의 비전은 사람을 살리는 하나님의 일에 함께하는 것이었습니다.

여러분의 비전은 무엇입니까? 대기업에 들어가고 전문직을 갖게 되는 것입니까? 특정 시험에 합격하는 것입니까? 여러분의 비전은 무엇입니까?

비전은 결코 직업이나 자리가 아닙니다. 비전은 하나님께서 우리 마음 가운데 심어 주신 거룩한 열망이요, 하나님의 사역 가운데 초청받는 것입니다. [바라보다]를 마치는 지금, 여러분의 비전은 무엇입니까?

5) 지금까지 성경공부를 해오면서, 하나님께서 당신에게 깨닫게 하신 비전은 무엇인가요? 함께 나누고, 서로의 비전을 위해 기도하며 마무리합니다.

요셉에게 하나님의 비전이란?
하나님의 비전은 특정 직업을 갖거나 어떤 위치에 오르는 것이 아니라 하나님의 일에 함께하는 것.
하나님의 일은 사람을 살리는 것이며, 하나님께서는 비전의 사람을 통해 구원의 길을 열어 가심.

나에게 하나님의 비전이란?
(여러분의 생각을 요약하여 적어 보세요.)

📖 오늘의 은혜

 소그룹 기도제목

4-3 고백의 노래 (15분)

- 함께 이 찬양을 마음으로 고백하고, 기도로 마칩니다.

부록

VOGS 세우기

우리는 지금까지 [바라보다]를 통해 하나님의 비전이 무엇인지 살펴봤습니다. 비전에 대해 생각하면 직장, 진로 정도로 생각하는 우리의 근시안적인 사고를 성경으로 튜닝한 것입니다. 이제는 하나님의 비전을 향한 우리 삶이 보다 실천적인 삶이 될 수 있도록 "VOGS 세우기"를 진행하려 합니다.
"VOGS"란, "Vision+Objects+Goals+Standards"의 첫 번째 초성으로 이루어진 단어입니다. VOGS는 '하나님의 비전'이 무엇인지 알게 된 여러분이 매일의 삶에서 하나님의 비전을 바라보며 살아가기 용이하도록 돕는 일종의 셀프 플래너(self-planner)입니다.

<사용하는 방법>
1. V 칸에는 하나님께서 당신에게 주신 비전을 적어 봅니다.
예) 1과 - 세상의 가치를 거스르고 하나님의 가치를 바라보기
2과 - 매일의 삶에서 하나님만 바라보기
4과 - 사람을 살리는 하나님의 사역을 바라보기

*예시와 참고일 뿐 [바라보다]를 통해 하나님께서 여러분에게 주신 비전을 적어 봅니다.

2. O 칸에는 삶의 영역을 구분하여 적어 봅니다.
예) 개인 생활, 가정, 학교, 직장, 교회, 동아리 등

3. G 칸에는 각 삶의 영역에서 하나님의 비전을 위해 실천하고자 하는 목표를 적어 봅니다.
예) V: 하나님의 가치를 바라보기
    O: 학교
    G: 하나님의 사람답게 살기

4. S 칸에는 G를 위한 실천 계획을 적습니다.
예) 다른 친구 험담하지 않기, 술 먹지 않기, 교회 다닌다고 떳떳하게 말하기, 학교 친구에게 전도하기 등

<VOGS 세우기> 예시

Vision : 세상의 가치가 아니라, 하나님의 가치를 바라보며 살겠습니다.		
Objects	Objects	Standards
나	하나님의 가치를 더 알아가기	1. 매일 성경을 3장씩 읽겠습니다. 2. 주일 설교에 집중할 수 있도록 적으며 듣겠습니다. 3. 신앙서적을 한 달에 1권씩 읽겠습니다.
가정	하나님의 가치로 사랑하기	1. 부모님께 함부로 말하지 않겠습니다. 2. 가족들의 요나단이 되는 시간을 일주일 중 꼭 갖겠습니다(목요일 저녁).
학교(직장)	하나님의 사람답게 살아가기	1. 누군가의 험담을 하지 않겠습니다. 2. 제가 그리스도인이라는 사실을 숨기지 않겠습니다. 3. 학교 친구(또는 직장 동료)를 인격적으로 대하겠습니다.
교회	하나님의 가치를 배우고 전하기	1. 소그룹에 잘 참석하며 마음을 열겠습니다. 2. 교회 안의 양육 프로그램에 참석하며 하나님의 가치가 무엇인지 더 배워 나가겠습니다. 3. 하나님께 받은 은혜를 흘려보낼 수 있는 섬김의 자리를 찾겠습니다.
친구(연인) 관계	하나님의 가치로 섬기기	1. 친구가 힘들 때 문자만 하는 것이 아니라 직접 찾아가 위로하겠습니다. 2. 친구와 약속한 것을 잘 지키겠습니다.

나의 VOGS 세우기

Objects	Goals	Standards

바라보다 메모리

바라보다를 통해 만났던 이들의 이름과 함께 했던 때를 적어보세요. :-)

언제	누구와

로드앤로드 미니스트리
새로운 제자훈련 시리즈 워크북 ❷

발행 서유진, 최병화
편집 서유진
기획 로드앤로드 미니스트리
집필 서유진, 전효성, 최병화
디자인 한빛애드프린원 이유진
일러스트 이미진
교정 서유경
음악해설 및 작곡 전효성
제작섬김이 정연숙, 김명희, 김현기, 신태섭, 김경숙, 이소영
인쇄 한빛애드프린원
감수 장흥길, 서원모, 임창복, 유영식, 이진원
추천 서원모, 김병년, 강성희
2024년 7월 25일 1판 1쇄 펴냄

펴낸 곳 로드앤로드 미니스트리
등록번호 제559-2022-000022
주소 경기도 양주시 옥정동로7다길 12-13 폴리타워 402호
전자우편 biblebeingbelong@gmail.com

ISBN 979-11-988399-3-0
979-11-988399-0-9 (세트)

저작권 서유진, 2024
이 출판물은 저작권법에 의해 보호를 받는 저작물이므로 무단 전재와 무단 복제를 금합니다.
*잘못된 책은 바꿔드립니다. *책값은 뒤표지에 있습니다.

✦이 책을 사랑하고 보고픈 언니, 서유경님께 바칩니다. 하나님나라와 복음 전파를 위해 살았고 마지막 순간까지 천국소망으로 영원한 생명을 노래했던 서유경님을 사랑하고 존경합니다.